Golf

S.O.S. Docteur !

Golf

S.O.S. Docteur !

Edward Craig

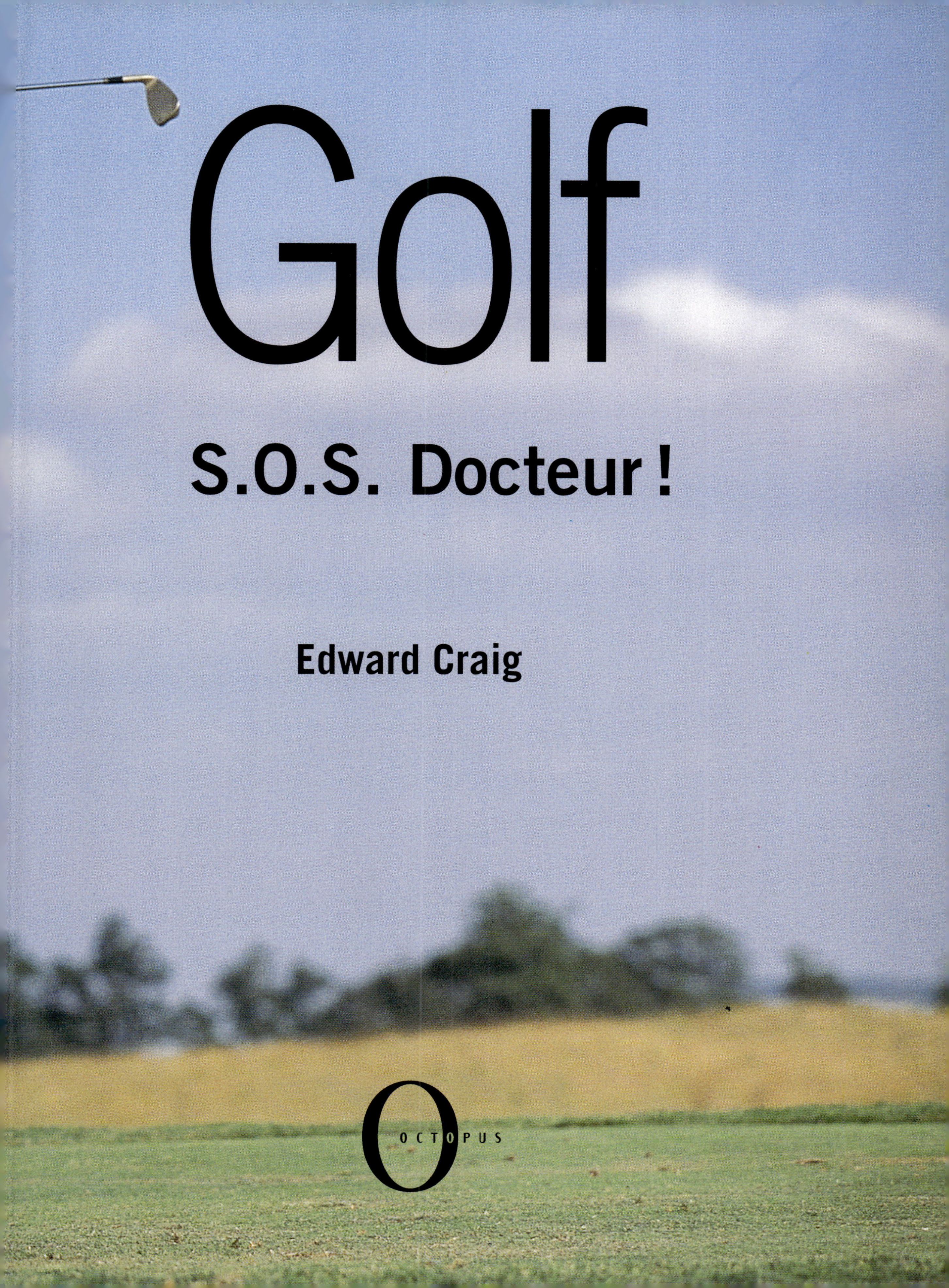

OCTOPUS

À ma famille et Tidelines

Traduction/adaptation : Olivier Cechman
Réalisation : Philippe Brunet / PHB

ISBN : 2-01-260243-6
Dépôt légal : 43336 – septembre 2004

Imprimé en Chine

Note de l'éditeur :
Les instructions fournies dans cet ouvrage concernent les utilisateurs droitiers. Les personnes gauchères devront légèrement les adapter, en remplaçant « droite » par « gauche » et vice-versa.

Sommaire

Introduction

Le golf peut en intimider plus d'un – depuis l'achat de l'équipement jusqu'aux tâtonnements du tout premier parcours en passant par la visite de la club-house. Mais en fait, les vrais soucis commencent une fois les clubs achetés, lorsque vous essayez tant bien que mal – et plutôt mal – de faire décoller la balle. Et même si les caprices du golf et les frustrations qu'il entraîne font partie du jeu, ce n'est pas cela qui vous consolera d'avoir envoyé votre balle dans un bassin. Or, ce sont justement les moments de joie et de découragement qui rendent ce sport si passionnant pour des millions d'adeptes.

Ce livre va vous aider à améliorer votre jeu grâce à des conseils simples, sans jargon alambiqué. Si jamais vos parties sont constamment gâchées à cause de chips (coup d'approche roulé) catastrophiques ou de coups pas assez puissants, ce livre va vous guérir.

Nombreux sont ceux qui attribuent au golf mystère, austérité et snobisme. Pourtant, grâce à des personnalités comme Tiger Woods, Sergio Garcia et Annika Sorenstam, ce sport s'est considérablement démocratisé.

Ces vedettes dévoilent le vrai visage du golf : un jeu fantastique, exaspérant aussi, indomptable et envoûtant. Le golf n'est plus réservé à une élite, et chacun peut y exceller.

Ce livre est un ouvrage de référence pratique, qui offre des solutions claires et concises pour venir à bout des problèmes qui empoisonnent votre jeu. Par exemple, si vous faites slice après slice (balle qui s'incurve trop vers la droite en fin de course), peu vous importe une théorie subtile ; vous souhaitez surtout y mettre un terme. Justement, grâce aux conseils pratiques, astuces et exercices de cet ouvrage, vous allez pouvoir repartir sur de bonnes bases et sauver votre partie. Vous trouverez également des instructions plus approfondies pour un rétablissement durable.

Si votre jeu reste invariablement médiocre, le golf perdra vite tout attrait. Mais pas d'inquiétude, ce livre est là et va vous prescrire des remèdes simples qui viendront sans tarder à bout de vos petits soucis.

Edward Craig

Mode d'emploi du livre

Ce livre est conçu pour fournir un diagnostic clair et un remède simple aux problèmes rencontrés par tout golfeur ; en outre, il propose aussi des solutions pour les traitements à long terme. Rien n'est pire pour un joueur que de rester coincé au beau milieu d'une partie avec un partenaire « puits de science », trop heureux d'éclairer de ses lumières les erreurs du pauvre bougre. Cet ouvrage vous propose des conseils judicieux qui vous aideront à vaincre n'importe quel syndrome malin. *Golf – S.O.S. Docteur !* est divisé en sept rubriques, chacune associée à un élément particulier du jeu. Il vous suffit d'identifier le problème, de trouver la section qui lui est dédiée, et ensuite de suivre les quatre étapes suivantes.

Étape n° 1

Les symptômes

En golf, comme pour tout problème médical, on parle de symptômes. Si vous souffrez d'une pathologie, vous consultez un médecin qui établira son diagnostic. Il en va de même pour le golf. Avant de remédier à vos problèmes, vous devez d'abord admettre leur existence. Si vous frappez des slices (balles qui s'incurvent trop vers la droite en fin de course), ne prétextez pas une faiblesse musculaire.

Donc, la première étape consiste à observer le tableau des symptômes. Il s'agit d'une consultation préliminaire qui va identifier les symptômes fondamentaux du problème. Cet ouvrage est divisé en sept rubriques rattachées à un élément spécifique du jeu, choisissez la vôtre : Au départ ; Sur la piste ; Petit jeu ; Putting ; Obstacles ; Gestion de jeu ; Entraînement et équipement. Le tableau va ensuite vous guider vers un diagnostic.

Étape n° 2

Les diagnostics
Une fois le diagnostic explicité, vous répondrez à d'autres questions pour cerner le problème. Par exemple, avez-vous plus de mal avec les fers longs ou courts ?

Il vous suffira ensuite de passer à l'étape n° 3 – Premiers secours – pour un remède d'urgence, ou alors de sauter à l'étape n° 4 pour un traitement plus approfondi.

Étape n° 3

Premiers secours
Chacune des sections de cette partie a été conçue pour être utilisée sur le terrain, sans aucune répercussion sur le reste de votre jeu. Ces « premiers secours » fournissent des bilans et des ajustements techniques, et même quelques exercices d'entraînement faciles que vous pourrez aussi pratiquer sur le terrain.

Les remèdes présentés ici devraient vous fournir les outils pour attaquer avec plus d'assurance les situations problématiques.

Étape n° 4

Traitement à long terme
La mise en pratique et l'assimilation des conseils dispensés ici nécessitent du temps et de l'énergie. Tout s'articule souvent autour d'exercices spécifiques auxquels vous pourrez vous essayer sur le terrain d'entraînement. Les remèdes pour un rétablissement à long terme impliquent des mouvements complexes ou des ajustements de swing spécifiques, mais qui, rassurez-vous, restent à votre portée.

L'essentiel est surtout de ne pas compliquer outre mesure les solutions. D'ailleurs, bien souvent, les conseils les plus simples offrent les meilleurs résultats – et ce sont justement ceux prodigués par ce livre.

Tableau des symptômes

Consultez le tableau des pages suivantes. En suivant les étapes, vous décèlerez facilement les symptômes dont souffre votre jeu. Une fois ces symptômes établis, laissez-vous guider vers les pages des diagnostics, où vous trouverez une analyse détaillée des problèmes cernés. Ces sections vous offriront alors une solution d'urgence ou bien un traitement à long terme.

Quel est le problème ?

Au départ
Est-ce que vous... ?

Avez-vous des difficultés... ?

Sur la piste
Est-ce que vous... ?

Quel est le problème ?

Bunkers
Est-ce que vous... ?

Obstacles
Avez-vous des difficultés sur... ?

Rough
Est-ce que vous... ?

Quel est le problème ?

Situations problématiques
Est-ce que vous... ?

Autres problèmes
Avez-vous des difficultés à... ?

Un entraînement efficace
Est-ce que vous... ?

Traumatisme de l'équipement
Est-ce que vous... ?

Le slice

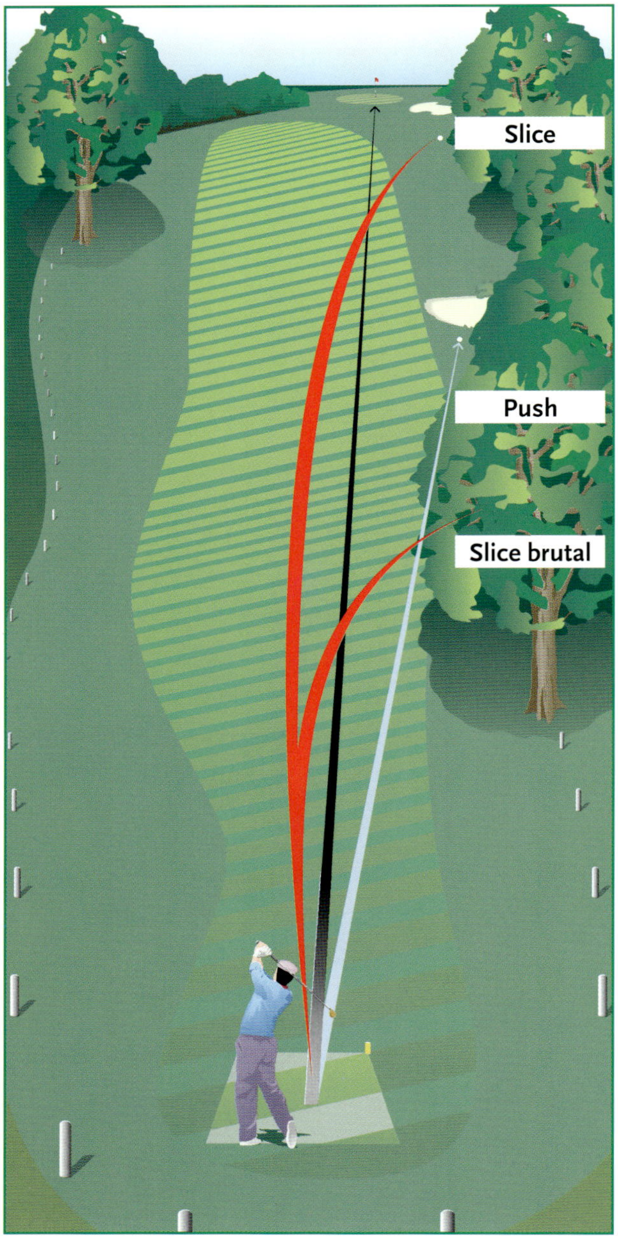

Il existe plusieurs moyens de laisser échapper la balle vers la droite. Si la balle vole directement à droite, sans changement de trajectoire, c'est un « push ». Si la balle s'incurve à droite en fin de course, il s'agit d'un « slice ». Les push et les slices ont des origines différentes, à l'instar de leur impact sur votre jeu.

Qui n'a pas déjà vu sa balle converger à droite et disparaître dans le rough ? Le slice est une des fautes les plus fréquemment commises et entraîne une multitude de points perdus.

Il existe deux types de déviations droitières – le « slice » ou le « push » – dues à des erreurs de swing bien distinctes. Un slice va entamer correctement son vol avant de bifurquer au grand dam du joueur – quel sinistre spectacle de voir la balle filer tout droit puis subitement, au bout de 18 m, prendre un virage à droite et atterrir dans le rough...

À quoi est dû le slice ?

Un slice est généré par une face de club ouverte – alignée à droite de la cible – et une mauvaise direction du swing. Lorsque dans sa montée le club dévie de sa trajectoire, tout le swing s'en ressent. La face ouverte du club atteint la balle de plein fouet, mais la fait tournoyer et l'incurve vers la droite. C'est l'équivalent d'une balle coupée au tennis. Le phénomène est simplement plus difficile à déceler avec une balle de golf. Le slice impose une perte de vitesse à la balle, qui ne vole ni très loin ni très droit, et par conséquent le coup est bien faible.

Premiers secours et traitement à long terme

REMÈDES	VOIR PAGE
● Évaluation générale	p. 22
● Slices brutaux et incontrôlés	p. 23
● Slice occasionnel	p. 24
● En finir avec les slices	p. 39

Le push

D'un côté, il y a le slice, faute très fréquente et très facile à faire, et de l'autre, il y a le push, moins courant, où la balle disparaît directement à droite. Le push entraîne une certaine frustration, car il se produit après que vous avez adroitement frappé la balle pour la voir ensuite virer immédiatement à droite.

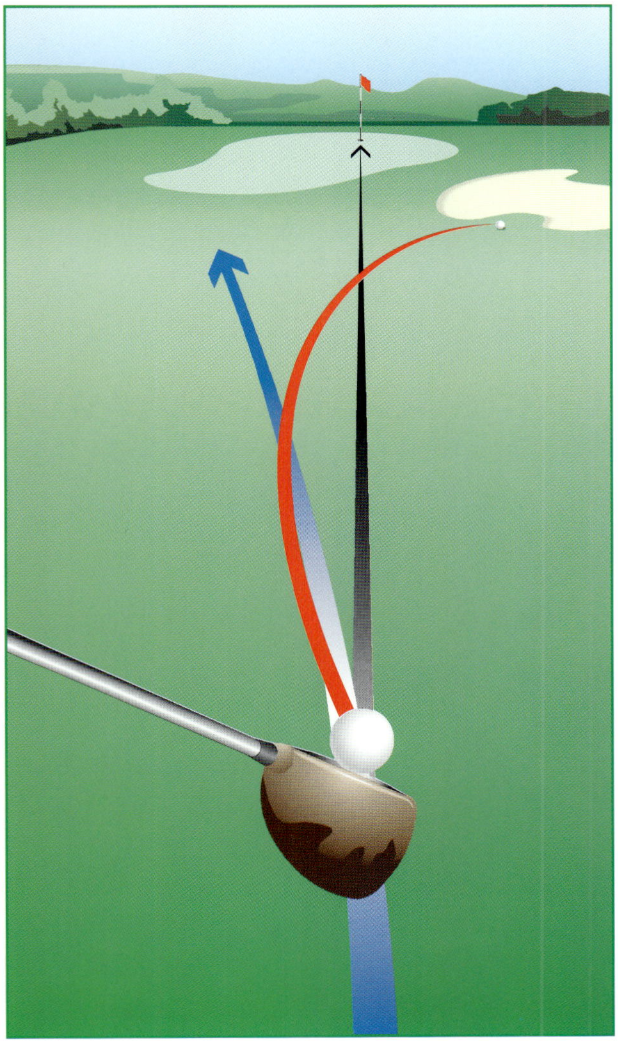

L'origine du slice : la ligne noire montre la trajectoire idéale, la ligne bleue indique le mouvement du swing, et la ligne rouge illustre le slice résultant.

Même si les résultats sont similaires, l'origine du push diffère de celle du slice. Le push est induit par des épaules alignées trop à droite, indépendamment du placement du reste du corps qui peut être parfait. Mais consolez-vous en vous disant que la balle part plus loin, que le ressenti de l'impact est plus plaisant, et que vous ne serez pas tant pénalisé.

Un push envoie la balle directement à droite et l'emmène plus loin qu'un slice.

Premiers secours et traitement à long terme

REMÈDES	VOIR PAGE
● Évaluation générale	p. 26
● Push à droite	p. 29
● Push occasionnel	p. 28
● Mauvais ouvrier ou mauvais outils ?	p. 124
● En finir avec le push	p. 40

Le hook

Si vous ne perdez pas des balles à cause d'un slice, le « hook » (balle frappée trop haute et s'incurvant trop à gauche en fin de course) peut s'en charger. Le hook est une faute particulièrement pernicieuse car la balle part très loin avant de disparaître dans un coin inaccessible ou trois fairways plus loin.

La trajectoire d'un hook débute tout à fait correctement avant de bifurquer violemment sur la gauche 46 m plus loin, toucher le sol et rebondir vers le rough.

Premiers secours et traitement à long terme

REMÈDES	VOIR PAGE
● Évaluation générale	p. 26
● Hooks brutaux et incontrôlés	p. 27
● Hook occasionnel	p. 28
● En finir avec les hooks	p. 40

À quoi est dû le hook ?

Le hook est un peu l'inverse du slice – le swing va de l'intérieur vers l'extérieur et, au moment de l'impact, la face du club est fermée ou dirigée vers la gauche de la cible. Cela entraîne une rotation de la balle qui s'incurve vers la gauche.

Dans un hook, la tête du club enveloppe la balle et reproduit un peu le lift du joueur de tennis.

Un hook peut s'avérer bien plus pénible qu'un slice, car même une fois au sol, la balle continue son périple.

Le pull

Le pull n'est pas aussi destructeur qu'un hook, mais reste assez frustrant, car vous frappez correctement la balle pour la voir partir directement à gauche. Parfois, un pull survient lorsqu'on cherche à éviter de faire un slice. En effet, pour éviter le slice, vous pouvez avoir tendance à viser à gauche – certainement en direction d'arbres ou d'un point d'eau – et, à votre désespoir, la balle va s'y perdre sur-le-champ. Un pull n'est, certes pas aussi impétueux qu'un hook, mais il est regrettable de voir la trajectoire s'emballer autant.

Premiers secours et traitement à long terme

REMÈDES	VOIR PAGE
● Évaluation générale	p. 22
● Pull occasionnel	p. 25
● Pull régulier	p. 25
● En finir avec le pull	p. 38

Lors d'un pull, la balle disparaît aussitôt à gauche, après que le joueur a laissé échapper plusieurs balles vers la droite.

Le pull est causé par une face de club légèrement fermée par rapport à la ligne de vol souhaitée.

Le top

Disons-le tout net, un top est une expérience assez humiliante. Le joueur a l'air gauche, et la balle atterrit à peine à quelques mètres du point de départ. Le seul point positif du top est que la balle ne s'éloigne pas suffisamment pour vous causer de réels soucis.

Certains golfeurs frappent très bien leur balle en entraînement, mais dès qu'ils sont un peu tendus, avec quelques spectateurs, ils paniquent. C'est pour cette raison que la plupart des tops se produisent sur le premier tee du parcours.

Le « top » survient lorsque le talon de la tête du golf – et non la face – frappe la balle dans sa partie supérieure. La balle va alors fuser ou bien s'élancer sans s'élever et pas très loin. Voici les quatre causes principales du top :

1 Un grip (prise) trop serré.

2 Des jambes trop raides à l'adresse.

3 La position de la balle.

4 Soulèvement du bassin lors du swing.

Un top se produit lorsque le talon de votre club frappe la partie supérieure de la balle, la projetant seulement quelques mètres plus loin.

UNE COMPLAINTE FRÉQUENTE

Pour éviter de faire un top lorsque vous êtes stressé, pensez au moyen mnémotechnique : **le Repos Du Pasteur (RDP).**

R pour Respiration. Prenez 10 secondes pour respirer profondément. Fermez les yeux, laissez l'oxygène parcourir votre organisme, puis contractez et relâchez les muscles.

D pour Décontraction. Agitez les bras et les jambes pour les relâcher et les décontracter. Veillez à fléchir les jambes afin qu'elles ne restent pas raides.

P pour Prise. En cas de nervosité et de tension, vous allez instinctivement serrer votre club plus fort. Pour soulager cette tension, tâchez de relâcher votre prise.

Nombreux sont ceux qui pensent que le top se produit quand on effectue son swing en levant la tête. C'est un mythe – totalement faux – décomposé pour vous page 34.

N'ayez pas honte de vos tops. À un moment ou un autre, tout joueur en fait l'expérience ; donc, finissez-en avec la culpabilité et suivez nos conseils pour venir à bout de cette pathologie très courante.

Premiers secours et traitement à long terme

REMÈDES	VOIR PAGE
● Top incessant	p. 34
● Top occasionnel	p. 35
● Traitement du top	p. 42

La gratte et la chandelle

Lorsque votre club touche le sol avant de frapper la balle, creusant ainsi le gazon avant l'impact, vous faites ce qu'on appelle une « gratte ». Cette faute est un peu déprimante, car l'énergie et les efforts du joueur ne mènent la balle nulle part.

Ce problème survient lorsque vous ne vous concentrez que sur l'envol de la balle ; il ne faut pas oublier que la balle doit être balayée par un swing fluide. Dans votre impatience, vous visez sans réfléchir, et votre swing décrit un arc de cercle profond ; autrement dit, le club approche la balle plus près du sol que lors de la montée et vous attrapez une motte de terre.

Le problème de la chandelle ressemble à celui de la gratte, et survient généralement lorsqu'on utilise un driver (Bois 1). Lors d'une chandelle, le club frappe la balle dans sa partie inférieure, la propulsant vers le ciel mais pas en avant, entraînant un vol « en fusée » (voir page 21).

Ces fautes sont causées par le même problème – vous frappez la balle trop abruptement dans sa partie inférieure, et touchez alors le sol trop tôt ou envoyez la balle vers les cieux.

La gratte et la chandelle sont des problèmes similaires. L'impact du club est trop abrupt, et frappe le sol ou la partie inférieure de la balle.

UNE COMPLAINTE FRÉQUENTE

On considère souvent le top et la gratte comme des fautes de débutants ; or, ce n'est pas toujours le cas. Des golfeurs émérites connaissent cette expérience – parfois à chaque partie ; et au plus grand plaisir des pauvres amateurs découragés, même les professionnels n'en sont pas exempts. En conclusion, ne vous laissez pas abattre !

Voici les trois causes principales de la gratte et la chandelle :

1 Tête trop baissée.
2 Genoux trop fléchis.
3 Lancer de balle trop haut.

Reportez-vous donc aux premiers secours pour vaincre ces problèmes.

Premiers secours et traitement à long terme

REMÈDES	VOIR PAGE
● Ça gratte de partout	p. 32
● Le stress et la gratte	p. 32
● Pour en finir avec la gratte	p. 42
● Chandelle incessante	p. 33

Inconsistance et mauvaise gestion

Une inconsistance et une mauvaise gestion du jeu produiront un mauvais score ; beaucoup de fautes résultent simplement d'un manque de préparation ou d'une sélection maladroite de coups, plutôt que de problèmes de swing.

Une consistance dans votre jeu de départ sera bénéfique sur toute la partie. Vous gagnerez des points précieux si vous réussissez à atteindre le fairway dès le départ, en évitant le rough et sans gaspiller de coups avec des fautes d'inattention.

Voici les trois erreurs le plus souvent commises par les golfeurs amateurs durant une partie – en les évitant, vous économiserez cinq coups :

1 Utilisation d'un driver (Bois 1) tout le long du jeu. Pensez aux autres bois, aux fers plus longs et aux clubs spécifiques, qui permettent des coups plus faciles et un meilleur contrôle sans pour autant perdre de la distance.

2 Sur un par 3, sélection à l'avance d'un club pour le meilleur coup. Les golfeurs se font piéger car ils utilisent le club supposé leur faire gagner leur meilleure balle. Franchement, dans une partie, combien de fois frappez-vous de meilleure balle ? Conclusion : prenez toujours plus d'un club avec vous.

Premiers secours et traitement à long terme

REMÈDES	VOIR PAGE
● Consistance dans l'inconsistance	p. 36
● Coups manqués à droite et à gauche	p. 37
● Manque de confiance au départ	p. 37
● Ne ratez plus jamais un fairway	p. 43

3 Sous-utilisation du tertre de départ. Certains points du tee offrent de meilleurs angles vers le green ou le fairway que d'autres, songez-y avant de frapper la balle.

Une meilleure préparation peut vous aider à sauver cinq coups par partie, sans même vous entraîner davantage.

Manque de puissance au départ

La plupart des joueurs très musclés n'envoient pas la balle très loin. Au contraire, des joueurs plus agiles sont capables de faire fuser la balle à des distances incroyables – prenez par exemple la vedette américaine très prometteuse, Charles Howell III. Il frappe la balle très loin grâce à sa technique, puissante et exemplaire, mais aussi à sa fabuleuse souplesse. Il ondule son corps comme un ressort quand il monte le club, avant de libérer une force stupéfiante. Il garde le bas du corps aussi immobile que possible, et pivote les épaules et le buste au maximum. Et donc, sans être le golfeur le plus puissant de la planète, sa flexibilité permet à son club de frapper avec une rapidité saisissante.

Premiers secours et traitement à long terme

REMÈDES	VOIR PAGE
● Toujours trop court au départ	p. 30
● Faiblesse occasionnelle	p. 31
● Chandelle régulière	p. 33
● Le secret de la puissance	p. 43

La puissance découle d'abord de la technique, puis seulement de la force musculaire ; toutefois, quelques menues corrections peuvent allonger les coups. Si la chandelle vous fait perdre de la distance – si votre balle fuse en l'air mais ne parcourt que quelques mètres en avant – vous devez travailler votre swing.

La puissance découle avant tout d'une technique rigoureuse et d'une bonne souplesse, et ensuite de la force musculaire.

Quelques menus ajustements à votre swing ajouteront quelques mètres à vos coups.

Slice et pull

Paradoxalement, le pull et le slice surviennent pour des raisons quasi identiques. En effet, les fautes de swing sont semblables, même si on obtient des résultats très différents. Le pull et le slice sont produits par un swing qui dévie de la trajectoire correcte. Autrement dit, le club frappe la balle à un angle, qui se répercute dans son envol.

Dans le slice, au moment de l'impact, la face de club est ouverte ou perpendiculaire à la trajectoire ciblée, faisant alors pivoter la balle et l'incurvant vers la droite. Dans le pull, la face du club forme un angle droit avec la trajectoire du swing. Le club suit alors cette ligne, et vous frappez la balle directement sur la gauche.

RESTEZ NEUTRE

Un grip – ou une prise – neutre signifie que vos deux mains ont un impact égal sur le club. Si l'une d'elle contrôle davantage le club, il va être difficile de le ramener en angle droit vers la balle. Dans un grip neutre, vous devriez voir deux articulations des doigts gauches à l'adresse ; votre pouce droit pointera vers le bas, sur la gauche du manche (lorsque vous regardez votre grip dans la position de l'adresse). Les golfeurs ont souvent tendance à serrer trop fort leur club, renforçant ainsi la main droite. Un truc est d'imaginer qu'à la place du club, on tient un moineau – pas question de le laisser s'échapper, mais pas question non plus de l'étouffer !

Remède instantané

Les pulls et les slices proviennent d'une mauvaise adresse (position adoptée lors du frapper de la balle). Vérifiez votre position par rapport à la balle, et assurez-vous de sa correction.

? Où placez-vous la balle ?
Avec un driver, un bois de fairway ou un fer long, la balle devrait être à l'avant de votre stance, à l'opposé de votre talon gauche. Attention, plus vous avancez la balle, et plus vous risquez de faire un slice ; donc restez vigilant.

? Comment doit-on tenir le club ?
Votre grip (prise du club) doit être neutre, et seules deux articulations de vos doigts gauches doivent être visibles à l'adresse. Si vous en voyez moins de deux, cela signifie que votre main gauche s'est affaiblie et que la face du club va s'ouvrir lors du swing et provoquer un slice.

? Comment former un bon alignement ?
Plus vous faites de slices, et plus vous avez tendance à viser à gauche. Or, plus vous ciblez sur la gauche, et plus vous risquez d'obtenir un slice. La première étape est de bien viser la cible. Veillez à garder épaules, genoux, bassin et pointes des pieds parallèles à la trajectoire voulue.

? Comment bien distribuer son poids ?
À l'adresse, votre poids devrait être également distribué sur vos deux pieds. Si vous rejetez le poids sur le pied gauche, vous risquez d'envoyer la balle sur la droite.

Slice brutal et incontrôlé

Ce slice brutal est souvent dû à l'incorrection de votre montée (éloignement vers l'arrière du club) qui va justement déterminer la nature – et correction – de votre impact. Le slice devient inévitable lorsque le swing dévie de la trajectoire ciblée avant de frapper la balle.

Remèdes instantanés

Imitez les joueurs de base-ball

Entraînez-vous avec votre club comme s'il s'agissait d'une batte de base-ball. Cet exercice replacera automatiquement votre dos dans une position correcte, corrigera la trajectoire de votre swing, et vous incitera à adopter un grip naturel et neutre. Par la suite, au moment de frapper votre balle, inspirez-vous de cette expérience et fléchissez les genoux pour adresser la balle.

Gardez votre swing perpendiculaire à la trajectoire souhaitée

Pour obtenir un swing correct de bout en bout, immobilisez le club au milieu de votre montée. Assurez-vous que le bout de la partie supérieure du manche – appelée aussi grip – pointe soit en direction de la balle, soit entre la balle et vos pieds. Grâce à cette tactique, vous maintiendrez un bon alignement durant tout votre swing, et devriez voir diminuer les slices incontrôlés.

Prenez le club avec la main gauche et tendez-le ; maintenant, ramenez naturellement votre main droite dessus.

Grâce à ce grip neutre et naturel, maniez votre club comme le ferait un joueur de base-ball.

Le slice occasionnel

Le stress peut à lui seul déclencher un slice. Si vous perdez votre rythme et votre cadence, vous pouvez entamer votre descente en surutilisant votre buste au détriment de vos jambes. Il peut s'agir d'un problème permanent, mais qui doit plus volontiers se manifester lorsque vous vous sentez nerveux.

On appelle parfois cette erreur « la faute du trop plein ». Vous vous sentez nerveux et avez besoin d'un très bon coup. Il peut s'agir du premier tee ou du dernier – en tout cas, vous êtes sur des charbons ardents.

Remèdes instantanés

Voici trois principes pour alléger votre swing

1 Pour conserver votre rythme, effectuez quelques swings et waggles (mouvements de va-et-vient) en tenant votre club assez relâché.

2 Débutez votre descente en sollicitant le bassin et non les épaules, et laissez ensuite le club suivre le mouvement.

3 Lors de la descente, gardez le coude droit près de la hanche droite.

Effectuez quelques swings d'entraînement jusqu'à ce que vous puissiez visualiser mentalement le coup parfait. Cette stratégie peut faire toute la différence.

MISE EN GARDE

Adoptez le principe qui vous convient le mieux et mettez-le en pratique lorsque vous serez sous pression. Mais attention, il ne faut en choisir qu'un seul. Si vous appliquez les trois en même temps, vous allez vous emmêler et ne rien obtenir de bon.

Le pouvoir de l'esprit
Si vous êtes sous pression et redoutez un drive (coup de départ) incontrôlé, faites quelques swings d'entraînement et visualisez mentalement le coup que vous souhaitez réaliser. Exercez-vous jusqu'à obtenir une image limpide de ce fabuleux coup qui va projeter la balle au milieu du fairway. Cette stratégie peut vous faire remporter la partie.

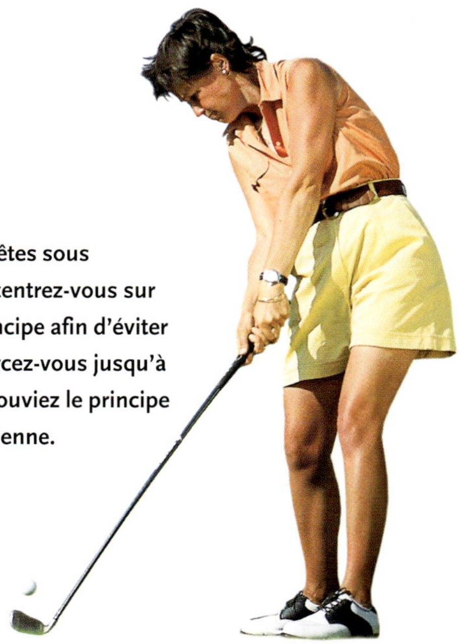

Lorsque vous êtes sous pression, concentrez-vous sur un unique principe afin d'éviter les slices. Exercez-vous jusqu'à ce que vous trouviez le principe qui vous convienne.

Le pull

Le pull et le slice provenant de fautes très similaires – même si le résultat diffère – les conseils pour l'un valent pour l'autre. Mais au cas où les pages précédentes dédiées au slice ne vous aient pas aidé, essayez ce qui suit.

Remèdes instantanés

Des épaules droites

Lorsque vous établissez votre alignement, tenez le club derrière la balle avec votre main gauche seulement. Positionnez ensuite les genoux, le bassin, les épaules et les pieds perpendiculairement à la cible ; ce n'est qu'à ce moment-là que vous pourrez poser votre main droite sur le club. Puis inspectez

Pour trouver un alignement convenable, tenez d'abord le club avec la main gauche – voir exercice page 23.

la position de vos épaules. Elles devraient naturellement être alignées.

Restez centré

Si le bassin, les genoux et les pieds forment un angle droit avec la balle, mais que vos épaules restent alignées à gauche de la cible, votre coup peut se transformer en pull. Et si la balle est trop avancée, vos épaules risquent de glisser vers la gauche ; donc, restez bien centré.

LORSQUE LE SLICE EST RECHERCHÉ…

Un slice contrôlé et pas trop brutal peut se révéler un allié inattendu. De nombreux champions de golf frappent d'ailleurs la balle de manière à ce qu'elle bifurque légèrement vers la droite en fin de course. C'est ce qu'on appelle un « fade ». Cette technique est excellente car la balle va alors atterrir doucement dans un backspin (la balle reste pratiquement sur place, sans rouler dès qu'elle touche le sol), et sera donc facile à contrôler. Maintenant, si vous frappez la balle de droite à gauche – draw – la balle sera dans un mouvement de topspin (elle roule le plus possible) et poursuivra sa course.

Le hook et le push

Les mêmes fautes de swing sont à l'origine du hook et du push. Ils proviennent d'une mauvaise ligne de vol. Si la face de club forme un angle droit avec la ligne de vol, vous obtiendrez un push (à droite) ; si le club bifurque à gauche, vous aurez un effet topspin et récolterez un hook (à gauche).

On considère souvent le hook comme un mauvais coup d'un bon joueur car les mains sont bien utilisées lors de l'impact. D'ailleurs, parmi les meilleurs golfeurs, nombreux sont ceux qui privilégient une ligne de vol à gauche – Jim Furyk, champion de l'US Open 2003 en est le flagrant exemple. Comme toujours, votre alignement de départ reste primordial.

Remèdes instantanés

L'adresse

Vous pouvez corriger le hook et le push simplement en examinant la manière de vous positionner avant de frapper la balle. Vérifiez votre position par rapport à la balle, et assurez-vous de sa correction.

? Quel est le problème avec le grip ?
Un grip fort, contrôlé par la main droite – donc lorsque vous ne pouvez pas voir d'articulation de doigts de la main droite si vous regardez vers le bas à l'adresse – va refermer la face du club lors du swing, et donc entraîner un hook.

? Où doit-on placer la balle ?
Au départ, la balle doit être légèrement avancée dans votre stance. Mais ne la placez ni au centre ni à l'opposé du pied droit.

? Comment obtenir un alignement correct ?
Si le hook est le problème, vous pouvez avoir tendance à viser plus à droite de la cible, mais vous n'induirez alors qu'un swing dirigé vers l'extérieur. Le plus simple reste de viser la cible. En gardant les épaules, les genoux, le bassin et les pointes de pieds parallèles à la trajectoire souhaitée, la balle aura plus de chance de dessiner une ligne droite.

? Comment bien distribuer son poids ?
Distribuez votre poids également sur les deux pieds. Reporter trop de poids sur le côté gauche, par exemple, entraînera toutes sortes de problèmes.

UN DRAW DE BON ALOI

Un hook contrôlé – ou draw (balle bifurquant vers la gauche en fin de course) – se révèle très pratique. Ce coup peut vous aider à vous frayer un chemin à travers les arbres tout en gagnant du terrain sur le fairway. Il part plus loin et résiste mieux au vent qu'un fade (balle bifurquant à droite en fin de course).

Le hook brutal et incontrôlé

Un hook est déprimant car la balle part vers la gauche de la cible et continue sur sa lancée. Essayez les remèdes suivants.

Remèdes instantanés

Adoucir votre swing

Si la balle part à gauche et continue sa course sur la gauche, vous faites ce qu'on appelle un « pull-hook ». Vous commettez les mêmes erreurs que pour un slice : vous donnez à votre club une direction intérieure par rapport à la ligne de vol, mais pivotez les mains au moment de l'impact. Pour fluidifier votre swing, essayez l'exercice de l'étui page 38. Vous hériterez peut-être d'un léger draw, mais qui est nettement préférable à un méchant hook.

Lenteur et rigueur

Évitez de monter votre club trop rapidement vers l'intérieur. Ce phénomène se produit lorsque vous balancez à toute allure le club derrière vous. Entraînez-vous en essayant de garder le club devant vous tout au long du swing, puis répétez le mouvement une fois devant la balle. Voici un bon principe à suivre : déplacez d'abord le talon du club, puis la face.

ASTUCE

Pendant votre entraînement, placez un obstacle sur le sol, comme un parapluie, à quelques pas derrière le point où vous allez adresser le club. Effectuez quelques swings en évitant le parapluie. Cette stratégie vous obligera à maintenir le club à l'extérieur ou sur la ligne de vol de la balle. Si, dans votre montée, vous touchez le parapluie, cela signifie que vous dirigez le club à l'intérieur.

Cette position, à adopter dans la première phase de votre montée, vous aidera à frapper droit.

À ce niveau du mouvement, veillez à ce que le manche reste parallèle à la trajectoire.

Ne laissez pas la tête de club s'égarer derrière vous, car cela pourrait entraîner un hook.

Le hook occasionnel

Le hook occasionnel peut provenir de votre grip qui se resserre sous l'émotion. Si vous avez vérifié la correction de votre alignement et votre takeaway (début de la montée), mais continuez à obtenir des hooks, il faut alors surveiller votre grip.

Remède instantané

Vérifiez les points suivants :

1 Une prise trop forte va refermer la face du club lors de l'impact et provoquer un hook.

2 Vous devez voir au moins deux articulations des doigts de votre main droite. Moins vous en discernez et plus le grip est serré.

3 Vous ne devez pas voir plus de deux articulations des doigts de votre main gauche. Car plus vous en verrez et plus la prise sera forte.

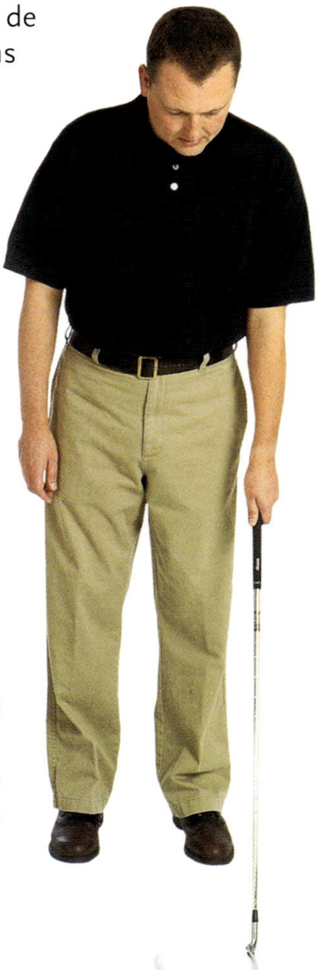

Un bon grip : relâchez les bras le long du corps, avec les avant-bras légèrement rentrés vers l'intérieur. Placez d'abord la main gauche sur le club, puis ajoutez ensuite la main droite. Vous avez alors un grip neutre.

RETROUVER UN GRIP NEUTRE

Si vous peinez à acquérir un grip convenable et neutre, essayez donc cet exercice.

1 Relâchez les bras le long du corps, paumes de mains tournées vers l'intérieur – c'est-à-dire vers les cuisses. C'est ainsi qu'elles devront apparaître lorsque vous les placerez sur le club.

2 Gardez votre main gauche telle quelle, et placez-y le club de golf. Ne modifiez surtout pas la position de votre avant-bras.

3 À présent, ramenez votre main droite, en gardant les avant-bras légèrement rentrés, et placez-la sur le club. Vous avez là un grip neutre.

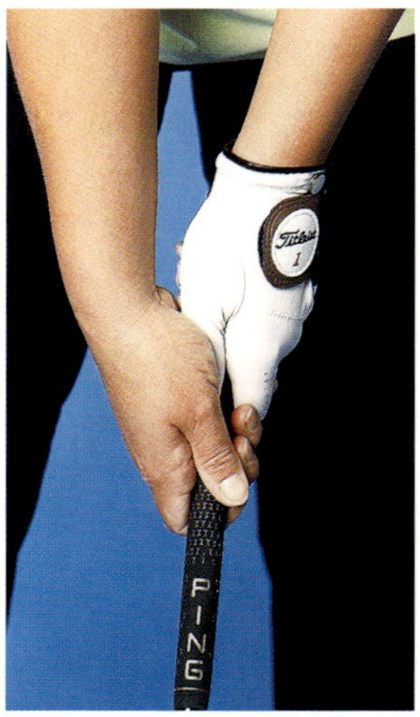

Voici un grip fort, la main droite se trouvant trop bas sur le club. Cette position peut conduire à un hook.

Voici un grip neutre. Cette prise vous donnera les meilleures armes pour contrôler votre coup.

Le push

Le push est peut-être la seule faute plutôt bienvenue, car c'est ce qui se rapproche le plus d'un coup convenable. Néanmoins, la consolation reste mince lorsqu'on doit rechercher sa balle dans les fourrés, après l'avoir envoyée dans le rough.

C'est souvent un mauvais alignement qui se trouve à l'origine d'un push ; la meilleure solution est d'acquérir une adresse qui vous oblige à rester perpendiculaire par rapport à la cible. Un push survient lorsque le bassin, les genoux et les pieds forment un angle droit, mais que vos épaules dévient à droite.

Remède instantané

De l'aisance avant tout
Ajoutez cet exercice à votre échauffement pour vaincre le push.

Tenu par la main droite, placez le club derrière la balle. Cette posture vous incite à aligner les épaules plus à gauche.

Ensuite, placez les pieds, les genoux et le bassin parallèles à la trajectoire, en maintenant la face du club immobile.

Enfin, ramenez la main gauche sur le club. Vous devriez éprouver une gêne à aligner les épaules à droite de la cible.

CEUX QUI RAFFOLENT DU HOOK

Lorsque vous souhaitez diriger la balle de la droite vers la gauche, le draw devient séduisant. Non seulement vous pouvez faire naviguer votre balle autour d'obstacles comme des arbres et des bunkers, mais en plus, le draw permet un vol et un rouler exceptionnels. Le topspin va ajouter de la distance au coup et la mener plus loin, même avec un vent de face. C'est pour cette raison que de nombreux champions, y compris Bernhard Langer, frappent régulièrement leur balle avec un léger draw. Cette stratégie permet d'atténuer l'impact des éléments et engendre une meilleure consistance.

Un départ trop faible

Vous regardez un autre joueur frapper la balle et êtes persuadé qu'il va l'envoyer très loin. Or, il échoue. En fait, de nombreux golfeurs n'optimisent pas leur puissance de base à cause de petites fautes techniques. Une montée trop ample (overswing) par exemple est souvent responsable de la faiblesse du coup porté, car le joueur perd l'élasticité offerte par un backswing bien contrôlé. Une mauvaise rotation des poignets peut également réduire la puissance du golfeur.

Remèdes instantanés

Gérer un overswing

L'important est de tendre le bras gauche au sommet de la montée, de manière à libérer de l'espace entre l'épaule droite et les mains.

Rotation des poignets

Exercez-vous à pivoter les poignets en suivant ces trois étapes :

1 Attrapez le bas du grip avec les deux premiers doigts de la main droite, et posez les deux premiers doigts de la main gauche au sommet.

2 Montez votre club à mi-hauteur de sorte que vos poignets forment un angle de 90° avec les avant-bras.

3 Accomplissez le reste de votre swing, et restez au finish (fin du swing) en tenant le club à 90°.

Cet entraînement montre les positions correctes à adopter lors d'un swing, et il vous permettra d'acquérir un bon mouvement des poignets.

Attrapez le club en plaçant seulement deux doigts à chacune des extrémités.

Débutez votre swing et laissez le poids du club pivoter vos poignets.

Achevez votre swing en laissant les poignets pivoter de nouveau.

Faiblesse occasionnelle

La faiblesse occasionnelle vient d'un problème de nervosité. Vous souhaitez à tout prix frapper un grand coup, et donc, vous en faites trop. Vous vous contractez, vos muscles se raidissent au lieu d'être relâchés et souples.

Remède instantané

Voici trois astuces pour relâcher la nervosité, mère de médiocrité :

1 Ajoutez un waggle (mouvement de va-et-vient du club). En balançant le club avant de frapper, vous relâchez les muscles et récupérez la souplesse perdue en raison de la nervosité. De plus, évitez d'enfoncer le club dans le sol avant la montée, afin de garder le swing bien fluide.

2 Respirez profondément. Inspirez profondément, retenez votre respiration pendant quelques secondes, puis expirez longuement et profondément. Répétez cet exercice deux fois avant de frapper. Ramenez les mains sur la poitrine lors de l'inspiration, puis laissez-les tomber sur l'expiration.

3 Retirez le petit doigt gauche du club. Puis faites quelques swings d'essai. La montée du swing se fera alors plus naturellement. Répétez jusqu'à ce que vous vous sentiez plus détendu et moins raide.

LE MYTHE DE LA DISTANCE

Certains professionnels pensent qu'en faisant voler la balle plus bas, elle ira plus loin. En réalité, cette tactique entraîne surtout une absence de distance. Le matériel moderne, aussi bien les balles que les clubs, est spécialement conçu pour faire voler la balle haut et loin – et ce coup bas, soi-disant pénétrant, date du siècle dernier ! Quand vous assistez à un tournoi de golf, vous constaterez que les balles des joueurs sont généralement envoyées haut et loin, et non pas au ras du sol. Évidemment, les champions de golf ont la capacité de frapper une balle très bas, si besoin est, mais la règle à retenir reste la suivante : la balle est ronde, faites-la voler !

Des coups cauchemardesques

Si vos coups de départ se transforment en grattes, cherchez du côté des fautes à l'adresse. La gratte est due à une mauvaise descente du swing : la descente est plus basse que la montée, donc vous touchez le sol avant la balle. Vous pouvez aussi « gratter » une balle quand, sous l'effet de la nervosité, votre tension musculaire vous fait perdre l'équilibre.

Remèdes instantanés

Vérification de l'adresse :

? Êtes-vous trop près de la balle ?
Si vous vous placez trop près de la balle, vous pouvez monter le club trop abruptement, et donc attraper une motte de terre avant de toucher la balle. Vous pouvez également frapper la balle dans sa partie inférieure, et obtenir une chandelle (la balle fuse verticalement).

? La balle se trouve-t-elle dans votre stance ?
Là encore, si la balle est trop reculée, la montée peut devenir trop raide, tout comme la descente, et entraîner un contact avec le sol.

? Votre menton est-il collé sur votre poitrine ?
Si oui, vous allez peiner à pivoter les épaules, et finirez par frapper la balle seulement avec la force de vos mains et vos bras – et non avec un swing pivotant.

Une nervosité excessive
Si vous vous tendez sur la balle, vos muscles vont se raidir, diminuant une partie de votre contrôle sur le swing. Essayez plutôt de la canaliser utilement. Pour cela, serrez très fort les trois derniers doigts de la main placée au sommet du manche. Vous limiterez ainsi la tension à un endroit particulier, raccourcirez l'arc de votre swing, et éviterez donc la gratte.

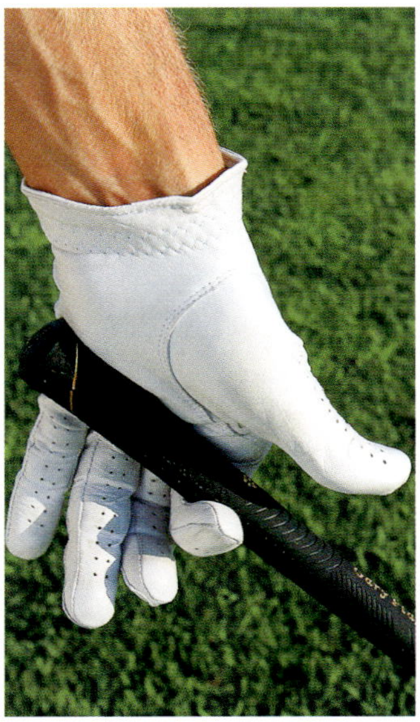

Concentrez votre tension sur les trois derniers doigts de la main placée au sommet du manche. Serrez le club avec ces doigts.

En vous allouant suffisamment d'espace à l'adresse et en restant détendu, vous vous préparez à un swing plus fluide.

De la hauteur, mais pas de distance

Si vous avez envoyé la balle haut dans les airs, mais pas très loin sur le parcours, vous avez fait ce qu'on appelle une « chandelle ». La chandelle est une erreur fréquente, qui survient lorsque votre driver touche la balle dans sa partie inférieure. En général, elle implique une descente trop raide, si bien que la tête du club passe sous la balle.

Remèdes instantanés

Gagner de l'ampleur

Lors de la montée du swing, frôlez le gazon avec le talon du club sur une trentaine de centimètres au moins. Vous donnerez alors de l'ampleur à votre swing et l'empêcherez d'être trop raide. Cette manœuvre vous aidera aussi à mieux distribuer votre poids du côté droit. Colin Montgomerie, sept fois vainqueur de l'European Tour Order of Merit, a un motto lorsqu'il débute un swing : « Bas et lent. »

Ce qui est assez bon pour Monty l'est aussi pour vous. Lors de la montée, gardez le club bas et le mouvement lent.

ÇA ARRIVE MÊME AUX MEILLEURS

Dans la Ryder Cup de 1989, l'Américain Paul Azinger menait d'un trou sur l'Espagnol Seve Ballesteros, alors qu'il se dirigeait sur le 18e trou du par 4, à Belfry, en Angleterre. Mais son coup se transforma en chandelle et il envoya la balle 140 m plus loin dans un lac. Mais Seve envoya également sa balle dans un point d'eau. L'Espagnol parvint à mettre la balle dans le trou avec un bogey, mais Azinger le devança d'un point, remportant ainsi la victoire en dépit de son coup désastreux.

Une hauteur correcte

La chandelle peut être simplement la conséquence d'un tee placé trop haut. Il s'agit d'une erreur fréquente, surtout aujourd'hui, où les drivers ont des têtes imposantes. Placez la balle sur le tee, de manière à ce qu'une moitié dépasse le haut du club. Si vous la posez plus haut, vous risquez la chandelle.

Avec les clubs et les balles modernes, il est impératif de placer la balle sur le tee à la bonne hauteur.

Un top incessant

Le top survient lorsqu'un joueur, à l'adresse tout à fait convenable, fléchit bien les jambes, mais les retend au moment du backswing. Le club revient donc frapper la balle plus haut que lors de sa montée, produisant un top. Et une balle qui ne va nulle part ne réjouit personne.

Le top survient lorsqu'un joueur tend les jambes lors de la montée – et non parce qu'il relève la tête, comme on le croit trop souvent.

LE PLUS GRAND MYTHE

La plus grande erreur que les golfeurs commettent – surtout après un top – est de vouloir garder la tête baissée. Or, il s'agit d'une énormité et les professeurs qui la conseillent ont tout faux. Le top est dû au redressement des jambes ou au relâchement du bras gauche, mais certainement pas au lever de tête. De toute façon, lors d'un swing, votre tête doit forcément bouger un minimum, ne serait-ce que pour vous permettre de pivoter les épaules. Et cette grande mystification du golf est également responsable de nombreuses fautes aussi désastreuses.

Remèdes instantanés

L'heure du tee

Un traitement d'urgence fait fi des détails techniques et se concentre davantage sur le ressenti. Si vous avez frappé plusieurs tops de suite, enfoncez un tee dans le sol, et effectuez plusieurs swings en essayant simplement de toucher le haut du tee. Une seule pensée doit vous accompagner : emporter le tee. Votre objectif doit être de ravir le tee, et rien d'autre. Puis, ce mouvement bien au point, retournez à votre balle.

La marche en avant

Le top peut être simplement dû à une mauvaise position de balle. Veillez à ce que la balle ne soit pas trop reculée, car cela vous obligerait à la frapper trop tôt dans votre swing. En la plaçant un peu en avant de votre stance, vous la faucherez dans la dernière phase de votre swing, ce qui vous aidera à la propulser dans les airs, et à gagner en distance.

Avancez la balle dans votre stance, et balayez-la dans la dernière phase de votre swing.

Le top occasionnel

Tous les tops ont une origine identique : le joueur ne parvient pas à maintenir tout au long du swing la même hauteur établie lors de l'adresse de la balle. Par exemple, lorsqu'on se sent nerveux ou sous pression, on perd le rythme de son swing, et on bâcle la montée. D'où un top à l'arrivée.

UTILISER DES REMÈDES

Pour tirer le meilleur parti des remèdes d'urgence, vous devez d'abord trouver la faute qui vous concerne et ensuite garder en mémoire un seul principe clé. Si vous encombrez votre esprit de plusieurs conseils, ils vont tous se mélanger, voire se contredire.

Remèdes instantanés

Bassin et dos

Dès que vous sentez poindre la nervosité et que vous n'en êtes pas à votre premier top dans des circonstances similaires, concentrez-vous sur ces préceptes : garder le bassin immobile ; effectuer le swing autour du dos. Imaginez votre dos comme une charnière autour de laquelle vous pivotez, mais sans pouvoir monter ou descendre. En immobilisant le bassin, cet exercice améliorera de façon constante vos coups et mettra un terme à vos tops.

Le gauche tendu

Un top peut être lié au relâchement du bras gauche qui adopte la position « aile de poulet » et rehausse ensuite le club. Cela se produit quand vous attendez de savoir où est passée la balle, perdant ainsi votre rythme. N'oubliez pas : le bras gauche est toujours tendu dans la descente. Ce principe devrait permettre à votre driver de balayer la balle et d'éviter le top.

Allouez-vous de l'espace au moment de l'adresse.

Lors du backswing, faites le swing autour du dos.

Gardez le bassin immobile durant le swing.

Gardez le bras gauche bien tendu pendant la descente.

Inconsistance et imprécision

L'inconsistance du départ est souvent due à une mauvaise préparation du coup. Hélas, ces drives (coups de départ) médiocres surgissent au moment le plus inopportun : parcours délicat ou situation stressante.

Vous devez prévoir un bon échauffement avant de jouer : un enchaînement consistant qui va induire un drive consistant. L'exercice n'a pas besoin d'être compliqué – et surtout pas très long – mais il suffira à épurer votre jeu.

Un bon échauffement permet de canaliser ses émotions lorsqu'on se sent nerveux. Il va rendre les choses plus faciles et naturelles. Sans échauffement, vous allez vous demander : Comment vais-je bien frapper ce drive ? Avec un bon échauffement, vous vous direz : Où est-ce que je vais le frapper ? En conclusion, vous aurez une attitude plus positive.

Remède instantané

Quatre principes pour un bon échauffement

1 Choisissez une cible au loin, et visualisez votre tir dans votre esprit.

2 Effectuez deux swings d'essai derrière la balle, pour vous détendre et « sentir » le coup.

3 Adoptez une bonne adresse et faites quelques va-et-vient avec le club jusqu'à ce que vous vous sentiez à l'aise.

4 Dès que vous vous sentez à l'aise, entamez votre swing. Si vous attendez ne serait-ce que cinq secondes avant de jouer, tous les bénéfices de la préparation seront perdus. Vous devez travailler en continu et veiller à ce que votre échauffement reste bref mais enchaîné.

Choix d'une cible.

Deux swings d'essai.

Placez-vous à l'adresse.

Jouez dans les deux secondes.

Coups manqués à droite et à gauche

Si votre drive souffre d'inconsistance, le reste du jeu n'est peut-être pas mauvais. Par exemple, votre swing et vos techniques de base sont corrects mais votre alignement et la sélection des coups peuvent pécher. L'inconsistance peut aussi être due à un manque de confiance. Si vous ne vous sentez pas sûr de vous, mieux vaut donner quelques instants de répit à votre driver (Bois 1) et opter pour un club plus petit et plus maniable.

Remèdes instantanés

Réduisez la taille de la cible

Lorsque vous sélectionnez une ligne de vol, ne vous contentez pas de viser le grand arbre derrière le green, ou encore l'imposant bunker du fairway ; choisissez un point plus spécifique, comme par exemple le coin du bunker, ou une branche de l'arbre. Votre objectif sera alors plus net, et si vous déviez à gauche ou à droite, ce ne sera que par rapport à une petite cible, et vous vous retrouverez finalement sur le fairway.

Un test simple

Si vous ratez les fairways à gauche et à droite, vérifiez votre alignement. En attendant votre tour, choisissez une cible, placez un club le long de vos pointes de pieds, et mettez-vous à l'adresse.

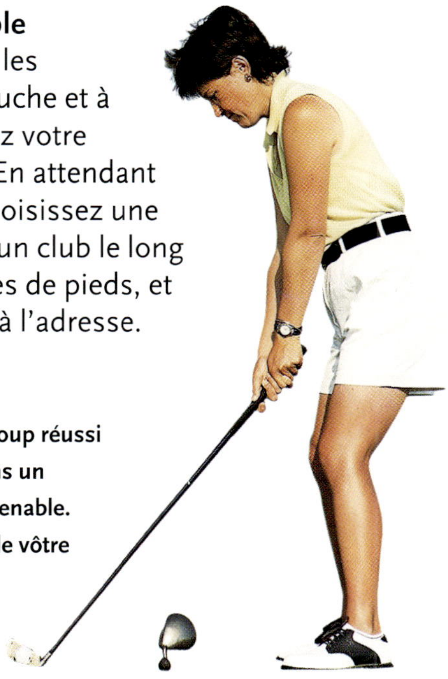

Au golf, pas de coup réussi et consistant sans un alignement convenable. Donc, contrôlez le vôtre sans arrêt.

Reculez-vous et regardez où pointe le club. S'il est dirigé directement vers la cible, vous êtes aligné trop à droite, car vos pieds, épaules, genoux et bassin devraient être parallèles à la trajectoire et non en plein dessus.

Réduisez la puissance

Un bois de fairway ou un fer moyen utilisé au départ peut effectivement vous faire perdre 18 m, mais n'est-ce pas un sacrifice à considérer s'il vous permet de frapper votre coup suivant depuis le fairway ?

Si votre confiance baisse, gardez la balle dans le jeu en utilisant un club avec lequel vous vous sentez à l'aise. Grâce à cette tactique, vous allez reprendre confiance en vous, et vous pourrez ainsi faire appel au driver un peu plus tard.

N'ayez pas honte de ranger votre driver dans le sac et de prendre un fer pour débuter votre partie.

Traitement contre le slice et le pull

Au fil du temps, on a découvert plusieurs traitements ou exercices pour soigner le slice ; en voici deux qui comptent parmi les plus efficaces, et que vous pouvez essayer pour vous débarrasser définitivement de votre slice.

Remède instantané

Une bonne adresse

La plupart des problèmes commencent par une adresse défectueuse. Pour éviter le slice, surveillez ces points cruciaux :

- Angle de la colonne vertébrale
- Alignement

La colonne vertébrale bien placée

À l'adresse, votre colonne vertébrale devrait former un angle de 10° en retrait par rapport à la cible, distribuant ainsi légèrement plus votre poids sur le pied droit que le gauche. À partir de cette position, la montée du swing sera plus facile sur un plan plat.

TRAITEMENT EXPRESS

En attendant de jouer votre tour, faites quelques swings d'essai en plaçant un étui de club sous votre aisselle droite. Votre objectif doit être d'y maintenir l'étui tout au long de votre swing – cette démarche empêchera les mouvements trop amples. Vous n'aurez ensuite qu'à reproduire le ressenti au moment de frapper la balle.

Si vous peinez à acquérir cet angle parce qu'il vous semble peu naturel, essayez d'effectuer quelques swings d'essai sur un terrain en pente, de manière à ce que votre pied gauche soit plus élevé que le droit. Cette astuce vous placera automatiquement dans la bonne position, car l'inclinaison vous éloignera de la cible selon le bon angle. Il vous suffira ensuite de répéter le mouvement – et le ressenti – face à la balle.

Mettez-vous à l'adresse sur un terrain en pente, en plaçant votre pied avant (le gauche) plus haut que le pied arrière (le droit). Faites ensuite quelques swings d'essai. Cet exercice donnera automatiquement un angle parfait à votre colonne.

Maintenir un bon alignement

Voici sans doute l'élément le plus important dans le swing, et aussi celui qui cause le plus de problèmes sans qu'on puisse en déceler l'origine. Chaque fois que vous vous entraînez, vous devriez inclure ce simple exercice d'alignement.

Lorsque vous travaillez votre jeu, posez deux clubs sur le sol, afin d'initier un bon alignement.

Au sommet de votre backswing, vérifiez que les rainures de la face de votre club sont bien perpendiculaires à la cible.

Remèdes instantanés

Exercice de bon alignement

1 Posez sur le sol deux clubs parallèles. Placez le premier le long de vos pointes de pieds et le second de l'autre côté de la balle. Gardez la balle bien au milieu des clubs.

2 Alignez-vous par rapport aux clubs, qui doivent donc être parallèles à la trajectoire souhaitée.

3 Jouez tous vos coups d'essai à partir de cette position, en restant perpendiculaire aux clubs.

Des angles, des angles, des angles

Si vous avez un grip neutre, l'angle de la face de club au sommet de votre montée peut affecter votre coup. Et si la face est ouverte, vous pouvez provoquer un push ou un slice. Lors de votre entraînement, essayez cet exercice angulaire :

1 Placez un miroir devant vous et mettez-vous à l'adresse, de manière à ce que vos pointes de pieds soient dirigées vers le miroir.

2 Effectuez votre swing jusqu'au sommet de votre montée et maintenez cette position.

3 Regardez où pointent les rainures du club.

4 Si les rainures pointent vers le ciel, la face du club est fermée.

5 Si l'avant du club pointe vers le sol, la face est ouverte.

6 Si les rainures forment un angle de 45° avec le sol, vous êtes dans la bonne position.

7 Exercez-vous à obtenir cette position au sommet de votre swing, pour éviter slice et pull.

Traitement contre le hook et le push

Ces fautes sont les meilleures dont vous puissiez souffrir. Elles signifient que votre swing possède des qualités certaines et que vous avez une puissance de frappe indéniable. Le push est d'ailleurs très proche d'un coup d'excellente facture. Donc, faites ces exercices pour redresser votre push et transformer votre hook en draw contrôlé.

Remèdes instantanés

Soignez votre takeaway

Si lors de l'amorce du swing, vous amenez le club à l'intérieur de la trajectoire, vous aurez du mal à éviter le hook. Essayez cet exercice : posez deux clubs parallèlement à vos pointes de pieds, et éloignez-les. Puis mettez-vous à l'adresse sur la balle. Éloignez votre club de la balle, tenez-le à hauteur de la taille, et vérifiez votre position. Si le club croise la ligne des clubs posés au sol, vous êtes à l'intérieur – votre club devrait en effet leur être parallèle. Une fois aligné correctement, effectuez votre swing et frappez la balle. Entraînez-vous en bloquant la position alignée à mi-hauteur avant de poursuivre votre swing au sommet et frapper la balle.

Exercice d'obstacle

Voici un exercice conçu pour vous empêcher d'amener le club vers l'intérieur ; il consiste à placer un objet, comme un étui de tête de club, à l'intérieur de la trajectoire de votre takeaway initial. Si vous frappez cet étui lors de la montée ou la descente, votre swing se produira de l'intérieur, et provoquera un hook ou un push.

À mi-hauteur de votre montée, essayez de garder votre club parallèle à ceux posés sur le sol.

L'exercice d'obstacle vous empêche de frapper de l'intérieur, et vous évite donc le hook.

Rester aligné

Le push est souvent dû à un mauvais alignement. L'autre facteur important reste la position de la balle – veillez à ne pas trop reculer la balle à l'adresse, car vous risqueriez un hook. L'exercice d'alignement pour le push est exactement le même que pour le pull.

Remèdes instantanés

L'alignement, l'alignement, l'alignement

1 Posez deux clubs sur le sol, parallèles.

2 Alignez-vous perpendiculairement aux clubs, qui doivent être parallèles à la trajectoire souhaitée.

3 Frappez vos coups d'essai depuis cette position, en veillant à ne pas dévier.

Il est toujours judicieux de surveiller votre alignement. Les meilleurs joueurs du monde effectuent cet exercice lors de leurs tournois professionnels.

Reculez-vous
Consacrez une séance d'entraînement à frapper des balles en alignant la pointe du pied gauche avec votre talon droit. Cette position va vous obliger à frapper depuis l'extérieur de la trajectoire, et vous donner la place de ramener le club sur la gauche, après l'impact. Une fois que vous vous êtes suffisamment exercé, recréez ce swing depuis une adresse normale.

DES HOOKS ET DES SLICES AVEC LES LONGS CLUBS, PAS AVEC LES COURTS

Un slice ou un hook provient d'une rotation latérale (sidespin). Plus l'angle de la rotation est important, et plus le hook ou le slice sera marqué. Lorsqu'un driver raide frappe une balle, le backspin est peu conséquent, car l'angle d'ouverture de la face de club (loft) est moindre ; or, sans backspin, rien n'entrave le sidespin. Si vous utilisez un fer 9, vous aurez nettement plus de loft, obtiendrez alors un backspin plus important et donc un sidespin moins fort.

Voici un excellent exercice pour corriger votre hook. Le stance très ouvert rend quasi impossible l'obtention d'un hook.

Éviter la gratte et la chandelle

Voici un très bon exercice pour alléger votre swing et vous débarrasser des problèmes de gratte et de chandelle. Ces deux fautes proviennent d'une descente trop abrupte.

Remèdes instantanés

Un exercice de push

1 Pendant votre entraînement, lors du drive, placez une seconde balle 25 cm derrière celle que vous allez frapper.

2 Au début de votre backswing, repoussez-la légèrement. Cette action vous aidera à obtenir un swing plus fluide et plus régulier, améliorant ainsi votre coup de départ.

Réflexion à long terme
Une gratte ou une chandelle est également due à une perte de rythme, où le joueur monte par à-coups le club avec les mains et les bras, au lieu d'adopter un mouvement régulier et fluide.

Traitement contre le top
Pour éviter le top, maintenez une bonne posture tout au long de votre entraînement grâce à ces quelques idées :

1 Concentrez-vous sur l'arrière de la balle.

2 Par temps ensoleillé, placez-vous de telle sorte que vous puissiez voir votre ombre bouger lors de votre montée.

3 Utilisez votre reflet dans un miroir.

Tout au long de l'exercice, l'angle de votre colonne vertébrale ne doit pas changer, car toute déviation pourrait conduire à un top.

Pour éviter les tops, exercez-vous à débuter votre montée assez bas.

« Espace et fluidité » ou « lent et bas » : il est très simple de venir à bout des tops.

Un miroir est un excellent outil pour travailler sa posture et améliorer son jeu.

Décuplez votre puissance

Débutez votre swing éloigné de la balle, avec les poignets relâchés.

À la moitié de votre montée, laissez le poids du club pivoter vos poignets.

Poursuivez votre swing jusqu'à l'impact, et constatez la différence de puissance.

La puissance est plus une question de technique que de force musculaire. Et un swing de meilleure qualité vous fera gagner de précieux mètres.

Remèdes instantanés

Exercice pour travailler votre puissance

1 Pensez au takeaway (amorce de la montée) comme à un balayage, afin d'éviter les mouvements par à-coups.

2 Commencez votre balayage en tenant le club à quelques centimètres devant la balle, puis effectuez votre montée. Vous allez ainsi créer un mouvement lisse et régulier, tout en améliorant l'équilibre de votre coup.

Un exercice similaire consiste à débuter dans la même position, mais avec les poignets déjà relâchés. Effectuez votre montée, puis à mi-hauteur, laissez vos poignets pivoter et, enfin, frapper la balle.

De la consistance avant tout

Pour rester sur le fairway, vous devez sans cesse vérifier posture, adresse et alignement.

Contrôle de la posture

Placez-vous debout, bien droit, et tenez un club contre le haut de vos cuisses. Poussez alors doucement le club contre vous en basculant le bassin vers l'avant, tout en maintenant la colonne vertébrale droite et non crispée.

Position de la balle

1 Vérifiez sans arrêt la position de la balle, et ne reculez pas trop la balle par rapport à votre stance.

2 Plus votre club est long, et plus la balle doit être avancée.

Le top

Le top est l'une des fautes les plus fréquentes commises sur le fairway, notamment lorsqu'on utilise de longs fers. En fait, la tête de club frappe la balle dans sa partie supérieure et, par conséquent, celle-ci n'arrive pas à décoller bien haut.

Souvent, un top ne se révélera pas trop pénalisant, car la balle risque de parcourir la distance souhaitée ; mais plus vous vous rapprochez du green, et plus ce type de coup est difficile à gérer. En outre, le top peut réellement blesser vos mains, surtout par temps froid.

Premiers secours et traitement à long terme

REMÈDES	VOIR PAGE
● Tops avec des fers longs	p. 52
● Top avec des fers courts	p. 54
● En finir avec le top	p. 62

Une bonne posture à l'adresse est indispensable pour initier un bon contact, quel que soit le fer utilisé.

Pour éviter le top, il suffit de se placer dans une bonne position avant l'impact.

La gratte

Déterrer de gros divots n'est pas une si mauvaise chose : il est rare que Phil Mickelson n'explose pas la balle sans faire voler une énorme motte de terre. Par contre, en certaines circonstances, un divot va laisser place à une gratte importante, vous faisant soulever la terre mais pas vraiment la balle.

Ce problème se rencontre généralement plus avec des fers qu'avec des bois de fairway. En effet, les bois vont rebondir à la surface du sol, tandis qu'un fer, en raison de ses contours plus acérés, va s'y enfoncer, injectant alors l'énergie de votre coup dans la terre et non dans la balle.

Premiers secours et traitement à long terme

REMÈDES	VOIR PAGE
● Gratte avec des fers longs	p. 53
● Gratte avec des fers courts	p. 55
● En finir avec la gratte	p. 62

Les fers occasionnent plus de balles « grattées » que les bois de fairway.

Un gros divot mal contrôlé peut affaiblir et déprécier votre coup.

La balle disparaît directement à droite

Vous ne devez surtout jamais prononcer le mot push – pas plus qu'en coulisses, les acteurs n'invoquent le nom de Macbeth – car il s'agit d'une des erreurs les plus douloureuses et déconcertantes. Votre swing semble correct et plutôt prometteur, quand subitement, la balle vire à droite, et vous vous retrouvez avec une grosse pénalité.

Attention, ces coups déroutés sont contagieux. Une fois que le premier survient, il est souvent suivi d'un second. Le push est plus fréquemment induit par un fer à manche court qu'un driver ou un bois de fairway ; néanmoins, avant de jeter tous vos clubs dans le lac, essayez ces remèdes instantanés.

Ça arrive même aux meilleurs

Vous n'êtes pas le seul à faire des push. D'ailleurs, les professionnels décrivent souvent ce coup comme un tir quasi parfait – et en effet, techniquement, il n'y aurait pas grand-chose à redire. Et donc, personne ne s'étonnera que ce coup surprenne même les meilleurs joueurs – comme Darren Clarke le découvrit à ses dépens lors de la finale de l'Open Championship au Royal Troon en 1997. Clarke menait avant d'effectuer un push, perdre deux coups et terminer finalement second.

Premiers secours et traitement à long terme

REMÈDES	VOIR PAGE
● Le push occasionnel	p. 56
● Le push régulier	p. 56
● En finir avec le push	p. 64

Rien n'est plus déprimant qu'un push – la balle dévie quasi instantanément à droite pour disparaître dans un affreux fourré ; pourtant, vous ne comprenez pas ce qui a pu le provoquer puisque votre swing semblait tout à fait honorable. Vous risquez alors de vous sentir (et de paraître) un peu bête, mais ne vous laissez pas abattre et consultez les traitements proposés ici.

Mauvais coups et balles boueuses

Retrouver sa balle coincée dans un divot au beau milieu du fairway laisse souvent présager un vrai désastre. Pourtant, il ne s'agit que d'une mini-crise, et quelques modifications dans votre jeu peuvent vous aider à venir à bout de ces méchants coups injustes. Un autre point noir, souvent rencontré sur des terrains détrempés par la pluie, reste l'éclat de boue qui se colle à votre balle. Vous en serez évidemment peiné, mais vous devrez bien gérer l'incident.

Premiers secours et traitement à long terme

REMÈDES	VOIR PAGE
● Balle coincée dans un divot	p. 57
● Gérer une balle boueuse	p. 57
● Coups problématiques	p. 57

La chance est bien un élément indispensable pour se sortir de situations difficiles. Le meilleur moyen d'attirer la chance est de s'entraîner très régulièrement à affronter ces coups durs. Placez-vous sur un rough épais, à la lisière de votre terrain d'entraînement, et frappez une douzaine de balles. Positionnez les balles sur des divots ou sur le sol nu pour voir comment elles réagissent sur des surfaces différentes. En vous exerçant depuis ces zones problématiques, vous allez découvrir une certaine consistance et acquérir une plus grande maîtrise de votre jeu.

Lorsqu'il était à l'université, on aperçut Tiger Woods, seul, sur le terrain d'entraînement, alors qu'une pluie torrentielle faisait rage. « Mais qu'est-ce que tu fabriques ? », s'était étonné un ami. « Je m'entraîne pour l'Open d'Angleterre », répondit le futur numéro Un mondial.

RÉPARER LES DÉGÂTS

Même si vous êtes furieux de vous retrouver dans un divot, évitez de vous venger sur les autres joueurs en parsemant des trous sur les fairways. L'une des principales règles de l'étiquette veut que l'on rebouche systématiquement les divots que l'on soulève – dont acte ! Il va dans l'intérêt de chacun de respecter un certain code de conduite ; donc, réparez toujours vos traces d'impact sur le green, et pensez à ratisser les bunkers.

Frapper une balle dénivelée

Les somptueux greens bien entretenus et les fairways ondulants, au cœur d'un paysage magnifique font partie des joies du golf. Mais cette image idyllique est vite oubliée lorsque vous vous retrouvez sur une de ces dénivellations – haute ou basse.

Il n'est pas facile de jouer sur un plan incliné, mais vous pouvez quand même maîtriser vos coups. Gardez votre sang-froid et concentrez-vous sur la balle. Il existe quelques règles très simples pour vous permettre de conquérir même les pentes les plus abruptes.

Premiers secours et traitement à long terme

REMÈDES	VOIR PAGE
● Envoyer la balle à droite lorsqu'elle est au-dessous de vos pieds	p. 58
● Envoyer la balle à gauche lorsqu'elle est au-dessus de vos pieds	p. 58
● Traitement contre le top	p. 42

Lorsque la balle est surélevée, il est très facile de la faire dévier.

En revanche, frapper une balle placée plus bas que vos pieds peut se révéler assez ardu.

Perte de distance sur les plans inclinés

Jouer une balle descendante peut s'avérer compliqué car la perte de contrôle guette. De même, frapper une balle ascendante peut s'accompagner de résultats étonnants : la balle est propulsée en l'air, mais pas vers l'avant.

Si on ne s'y attaque pas correctement et avec précaution, les balles dénivelées peuvent devenir problématiques. L'observation de quelques mesures simples évitera le désastre et vous épargnera moult migraines.

Premiers secours et traitement à long terme

REMÈDES	VOIR PAGE
● Perte de distance sur coup ascendant	p. 59
● Aucun contrôle sur une pente	p. 59
● Évaluation de l'inclinaison	p. 63

Le contrôle des distances est essentiel lorsqu'on joue des balles ascendantes. Utilisez toujours le club adapté.

Un swing décidé et agressif peut vous aider à contourner les pièges d'une balle descendante.

Imprécision sur la piste

Au départ, vous avez envoyé votre balle à 250 m, au milieu du fairway, et il vous reste 125 m à parcourir avec un fer court pour atteindre le green tout plat. Dans votre esprit, vous avez déjà réduit la distance de 3 m, et voyez déjà la balle dans le trou.

Puis, vous tombez sur un bunker et devez réaliser trois coups avant de finaliser votre but – et obtenez un six sur votre par. Votre coup de départ ne méritait pas un double-bogey (deux coups au-dessous du par), mais votre approche imprécise, elle, si.

Pour bénéficier d'un bon score, il est crucial d'atteindre des greens par régulation.

Premiers secours et traitement à long terme

REMÈDES	VOIR PAGE
● Manquer le green de près	p. 61
● Manquer le green de loin	p. 61
● Acquérir de la consistance	p. 65

LA RÉGULATION DES GREENS

Votre approche de jeu est un des éléments les plus importants de la partie. Les statistiques de régulation des greens relevées lors de l'US Tour de 2002 ainsi que les putts par partie sont très parlants. (Atteindre un green par régulation signifie que dans un par 4, le joueur doit atteindre le green en deux coups ou moins, dans un par 5 en trois coups ou moins, et dans un par 3 en un coup ou moins.)

	Classement position	RDG % (pos)	PpP % (pos)
Tiger Woods	1er	74 (1er)	29,4 (163e)
Vijay Singh	3e	70,7 (7e)	29,0 (106e)
Chris Riley	23e	61,5 (176e)	27,9 (2e)

Tiger Woods ne fut pas le meilleur avec le putter, mais atteignit très fréquemment le green. Il termina d'ailleurs premier au palmarès. Chris Riley, en revanche, fut très fort au putter, mais ne visita pas suffisamment le green pour mettre à profit cet avantage.

Approche de jeu inconsistante

De nombreux joueurs pensent qu'à une distance de 150 m, ils peuvent faire des miracles. Le problème est que les résultats restent souvent très aléatoires. En fait, une inconsistance à une telle distance est à l'origine de nombreux handicaps.

Si vous trouvez qu'il n'y a pas une différence de longueur suffisante entre vos clubs, ou si vous manquez de puissance pour soulever un fer long ou un bois de fairway sur 200 m, vous voilà confronté à quelques problèmes techniques qu'il va falloir régler.

Premiers secours et traitement à long terme

REMÈDES	VOIR PAGE
● Pas assez de puissance	p. 60
● Longueurs de club trop similaires	p. 60
● Frapper de balle toujours trop faible	p. 61
● Découvrir l'inconsistance cachée	p. 65

Pour développer précision et consistance dans votre jeu, il est essentiel de choisir vos propres longueurs de clubs. Celles-ci devront être substantielles si vous souhaitez améliorer votre contrôle. Ne jouez pas au fanfaron pour épater vos amis en jouant avec un fer 7. Choisissez plutôt un club dont la longueur vous convienne réellement, et vous constaterez une nette amélioration de votre jeu.

Un bon score passe par la consistance de vos coups joués avec un fer.

Connaître les bonnes longueurs de club insuffle de la vie dans votre jeu.

Vous aurez plus de contrôle avec un swing complet qu'avec un demi.

Top avec des fers longs

Un fer long est sans doute le club le plus difficile à frapper. Ces clubs se montrent en effet sans pitié avec les tops, surtout par temps froid en hiver, quand ils vibrent entre vos mains. Néanmoins, vous devriez persévérer avec vos longs fers, car ils sont inégalables.

Remèdes instantanés

Une question de taille

Les joueurs considèrent souvent les fers longs comme des clubs à bogey. Ce n'est pas le meilleur état d'esprit pour les apprivoiser. Si vous avez obtenu plusieurs tops à la suite, utilisez vos fers longs comme s'il s'agissait de fers courts. L'important est d'utiliser le même swing. Placez-vous un peu plus en retrait de la balle pour accommoder le manche plus long, mais si cette position se révèle inconfortable, descendez légèrement votre prise sur le manche, rapprochez-vous de quelques centimètres, puis effectuez votre swing.

Si les fers longs vous donnent des soucis, pensez « swing avec un fer court » et restez confiant.

Relâchez votre grip

Le top est principalement causé par un grip trop serré. Cette prise trop forte se contracte lors d'un coup difficile à jouer, quand le joueur est tendu ou nerveux. En resserrant votre grip, vous raccourcissez votre arc de swing ; en d'autres termes, le club frappe le haut de la balle, et vous obtenez un top.

DÉTENDEZ LES AVANT-BRAS

À l'adresse, pour vous libérer des tensions au niveau des bras et des mains, relâchez les coudes et gardez-les éloignés du buste. Dans cette position, il est quasiment impossible de trop serrer le club – Seve Ballesteros était d'ailleurs expert en la matière.

Gratte avec des fers longs

Même si vous faites un top, la balle parcourra une certaine distance. En revanche, si vous la grattez, elle n'ira nulle part et vous devrez peut-être rejouer le coup avec le même club.

Remèdes instantanés

Gardez vos distances

Comme avec toutes les fautes récurrentes, la solution se trouve peut-être à l'adresse. Si vous vous placez trop près, vous allez manipuler le club trop abruptement et votre swing sera trop raide. Autrement dit, vous risquez fortement d'enfoncer le club dans le sol, alors que vous ne souhaitiez au départ qu'un swing très fluide.

Vérification sur le terrain

Placez-vous debout, les bras relâchés. Saisissez le club puis mettez-vous à l'adresse. Vous devez maintenir l'espace présent entre vos mains et vos cuisses – environ une largeur de main. Si cette distance diminue, vous êtes trop près.

DE LA SIMPLICITÉ AVANT TOUT

La plupart des meilleurs joueurs mondiaux ont abandonné les fers au profit de bois de fairway ou de clubs hybrides (mi-bois, mi-fer). De nombreux golfeurs trouvent les bois de fairway nettement plus simples à manier et surtout moins implacables. Les bois sont disponibles dans une grande variété de lofts (angle d'ouverture de la face de club), depuis les bois 3 jusqu'aux bois 7 et 9, qui remplacent avantageusement les fers 5 ou 6.

Si vous grattez plusieurs coups à la suite avec vos fers longs, vérifiez que vous n'êtes pas trop près de la balle.

Comptez l'espace d'une largeur de main entre vos cuisses et votre grip. Si cette distance n'est pas respectée, cela signifie que vous vous trouvez trop près de la balle.

Top avec des fers courts

Si vous tenez un wedge (fer à manche court) entre les mains, vous devez être proche du green. Si vous obtenez un top, vous voilà pénalisé. Ce n'est certes pas très agréable, mais surtout ne paniquez pas. Le top effectué avec un fer court provient d'une décélération du swing. Cette fluctuation est due à la nervosité du joueur, ou bien à un mauvais choix de clubs.

Détendez-vous et maintenez votre respiration calme et contrôlée pour éviter de vous laisser envahir par le stress. Si vous êtes crispé, vous multipliez les risques de top.

Remèdes instantanés

Surmontez la nervosité
Lorsqu'on est sous pression, les muscles des bras se contractent. Il en résulte alors un raccourcissement du swing et une perte de rythme. Ajoutez donc un swing d'essai à votre échauffement, relâchez bien votre grip et conservez votre cadence.

Le problème des fers
Vous pouvez vous retrouver entre deux clubs et hésiter entre un fer 8 doux et un fer 9 dur. C'est là que vous devez connaître votre propre jeu. Votre swing est-il rapide, ou au contraire, plus délié ? Les deux versions se valent, mais nous privilégions tous l'une ou l'autre. Il faut donc bien connaître celle qui nous correspond et choisir le club en fonction. Si vos swings sont agressifs, optez pour un fer 9. S'ils sont plus doux, préférez un fer 8. La question du club résolue, vous devez maintenant vous sentir à l'aise ; donc n'hésitez pas et lancez-vous dans un superbe swing.

Ne tombez pas comme tous les amateurs dans le piège classique : ne sélectionnez pas le club qui convient à votre meilleur coup. Les joueurs expérimentés n'en frappent au mieux que deux dans une partie – donc si vous vous dites « Avec un peu de chance, un fer 9 fera l'affaire », contentez-vous d'un fer 8.

Gratte avec des fers courts

On dit que manquer le green avec un wedge, c'est un peu comme manquer son visage avec une fourchette : vous êtes dans la zone de pointage, le trou est à portée de club, mais tout s'écroule car vous grattez la balle et l'envoyez dans un bunker. Ça arrive à tout le monde. En fait, vous grattez la balle lorsque vous ne vous concentrez plus sur votre swing et le bâclez. Or, vous devez faire travailler votre club – surtout pour une si faible distance. Dans un swing, la balle n'est qu'accessoire puisqu'elle est soulevée par le loft du club. Donc, vous n'avez pas besoin de l'aider.

BREF RAPPEL

- Le swing doit balayer la balle et non juste la frapper.
- Laissez le loft du club faire son travail.
- Effectuez votre swing sans hésitation.
- Utilisez un club qui vous convienne bien.

Remèdes instantanés

Une sensation juste

Pour éviter la gratte, essayez ce rapide exercice pour vous remettre en mémoire les sensations d'un swing correct.

1 Placez le haut du manche contre votre cage thoracique et empoignez le bas du manche.

2 Balancez le club d'avant en arrière.

3 Bougez simultanément le corps et les bras.

Cet exercice vous empêchera de frapper la balle uniquement avec vos mains, et encouragera la liaison entre les mains et le corps – perdue lorsque vous grattez la balle.

Prévoyez un wedge supplémentaire

En incluant un wedge supplémentaire plutôt qu'un fer long dans votre sac de golf, vous optimisez vos chances de faire un bon swing. Plus vous avez de lofts différents, et mieux vous maîtriserez vos swings à courtes distances.

Effectuez quelques swings d'essai en blottissant doucement le club contre votre cage thoracique ; vous redécouvrirez alors la synchronisation entre vos bras et le reste du corps.

Le push

Le push survient lorsque la balle est frappée avec le col du club (partie la plus basse du manche) selon un angle quasi perpendiculaire à la trajectoire. Cette faute est effrayante, car elle se manifeste souvent au moment le moins opportun, mais n'ayez crainte, il existe quelques remèdes très efficaces.

Effectuez quelques swings d'essai, dos à un mur ou un arbre. Si le club heurte l'obstacle derrière vous, le push n'est pas loin.

Remèdes instantanés

De l'espace
Le simple fait de se tenir trop près de la balle suffit souvent à causer un push. Si vous venez tout juste d'en frapper un, vérifiez où se trouvent vos mains par rapport à vos cuisses. Vous devez compter au moins une largeur de main entre vos mains et vos cuisses ; donc, ajustez votre position pour donner de l'ampleur à votre swing.

Un envol fluide
Un push se produit lorsque vous effectuez votre swing de l'extérieur vers l'intérieur et que vous éloignez trop la tête du club durant la descente. Utilisez ce test pour vérifier le vol de votre swing :

1 Débutez votre adresse en vous plaçant de dos contre un mur ou un arbre.

2 Effectuez la montée de votre swing.

3 Si vous heurtez l'obstacle derrière vous, vous êtes trop plat et risquez un push.

4 Si vous ne le touchez pas, votre swing est parfait et vous n'aurez pas de problèmes.

Une nouvelle stratégie
Cela peut sembler contradictoire, mais pour éviter de frapper la balle avec le col du club, vous devez adresser la balle depuis le col. Cette stratégie vous incitera à effectuer votre montée en ligne. Si vous adressez la balle depuis la pointe du club – solution qui semble naturelle – vous risquez de dévier de la trajectoire et vous mettre dans l'embarras.

Coups difficiles et chance en berne

Il n'est pas très amusant de retrouver votre balle dans un divot après avoir effectué un joli coup. Pourtant, ce n'est pas si catastrophique que ça. Avec quelques modifications, vous ne serez plus ennuyé par ces détails. Vous pouvez également retrouver de la boue collée à votre balle. Mieux vaut alors remettre la balle sur le green aussi rapidement que possible, la jouer puis la nettoyer.

ASTUCE POUR COUPS DÉLICATS

Pour tous les coups un peu délicats, reculez légèrement la balle dans votre stance – vous vous tirerez ainsi d'un mauvais pas.

Remèdes instantanés

La solution du divot
Jouer depuis un divot implique un réajustement de votre adresse – votre swing se modifiera naturellement grâce aux conseils suivants.

1 Éloignez un peu la balle de votre stance.

2 Jouez avec les mains en avant.

3 Utilisez un club avec un loft plus conséquent que pour un coup ordinaire.

4 Visez légèrement sur la gauche car un coup frappé d'un divot peut induire une rotation de la balle vers la droite.

Soyez agressif
Effectuez votre swing normalement mais soyez volontaire et agressif. Essayez de sortir la balle du divot ; votre objectif doit être de la frapper dans sa partie inférieure. Ne vous préoccupez pas de la suite : contentez-vous de dégager la balle.

Les balles boueuses

1 Emportez un club supplémentaire pour la distance.

2 Jouez la balle en la reculant dans votre stance.

3 Effectuez un swing puissant.

Reculez la balle dans votre stance, et avancez les mains.

Une modification de votre position de départ entraînera une montée plus abrupte.

Effectuez une descente agressive et frappez vigoureusement la balle.

De la précision sur un plan incliné

Jouer sur un plan incliné, que la balle soit ascendante ou descendante, est toujours délicat. Il est très fréquent d'envoyer la balle trop à droite lorsqu'elle se trouve sous vos pieds, et trop à gauche lorsqu'elle est au-dessus. Heureusement, une légère préparation devrait améliorer les choses.

Remèdes instantanés

Position pour une balle descendante

1 Prévoyez un club supplémentaire.

2 Visez à gauche de la cible, car l'inclinaison dévie la balle vers la droite.

3 Tenez le club au sommet de votre grip pour perfectionner votre posture.

4 Il est essentiel de fléchir les genoux, afin d'adresser la balle dans une position aussi normale que possible.

5 Écartez votre stance pour plus de confort.

Position pour une balle ascendante

1 Prévoyez un club de moins.

2 Visez à droite de la cible car ce coup dévie légèrement la balle vers la gauche et la fait voyager plus loin.

3 Il est essentiel de pivoter depuis la taille – ce qui devrait être plus facile une fois que vous descendez un peu votre grip.

4 Gardez les genoux relâchés.

Dans le cas d'une balle descendante, visez à gauche de la cible et utilisez un club de plus que pour un coup plat.

Une balle ascendante entraîne invariablement un hook. Donc, descendez votre grip, et visez à droite de la cible.

Contrôle pour les balles descendantes

Plutôt que de combattre l'inclinaison, utilisez-la. Les balles ascendantes peuvent entraîner une mauvaise appréciation des distances, surtout si vous vous mettez à l'adresse contre l'inclinaison ; dans ce cas, vous risquez d'enfoncer votre club dans le sol. En vous concentrant sur les éléments fondamentaux de votre jeu, la pente ne sera pas un obstacle infranchissable.

PETITS RAPPELS

Utilisez la pente au maximum. Dans une descente, la balle volera plus loin ; dans une montée, son trajet se rétrécira. Si la balle est descendante, elle déviera vers la droite ; si elle est ascendante, elle partira à gauche. Ne luttez pas contre ces éléments, utilisez-les !

Remèdes instantanés

Coup descendant

L'important est de garder les épaules parallèles à l'inclinaison. Sur une pente descendante, l'épaule droite sera plus haute que la normale. Donc, vous devez distribuer votre poids sur la jambe la plus basse. Le loft du club sera aplati par l'inclinaison, prenez un club plus petit que celui nécessaire normalement pour la distance. Avec des longs clubs, vous risquez d'obtenir un fade ; donc, visez légèrement à gauche de la cible. Relâchez votre poids vers le bas au moment du swing

L'augmentation de la distance

Placez les épaules parallèlement à l'inclinaison, et non pas directement contre elle. Déportez votre poids sur la jambe la plus basse. Cette stratégie ajoutant du loft à votre coup, prenez un club supplémentaire pour compenser. Visez légèrement à droite de la cible, car un coup ascendant fait légèrement dévier la balle vers la gauche. Effectuez votre swing le long de la pente, en veillant à la fluidité de votre montée, jusqu'à l'impact final. Conservez votre équilibre en transférant votre poids sur le côté gauche. Ne restez pas bloqué à droite.

Les balles descendantes sont difficiles à contrôler et à frapper juste.

Privilégiez un swing combatif, sinon vous ferez un top.

Dans ce coup, ne vous préoccupez pas de votre position finale.

Le pivot inversé

Si vous manquez de précision avec vos fers longs et découvrez qu'il n'y a guère de différence de longueurs entre vos clubs, vous êtes victime du pivot inversé – faute très fréquente. Si vous ratez vos coups à cause d'une déviation ou d'une faiblesse de frappe, ou encore s'il n'y a pas grande différence entre vos fers longs, moyens et courts, vous souffrez certainement du pivot inversé.

Le pivot inversé est lié à un transfert incorrect du poids lors du swing. En d'autres termes, à la place de se déporter du côté droit, votre poids dévie à gauche. Lors de la descente, votre poids retourne sur le côté droit, et vous terminez votre swing sur le pied arrière. Comme vous n'avez pas utilisé votre poids durant l'impact, vous n'obtenez qu'une frappe bien faible. À condition d'utiliser vos mains – et non votre corps – pour frapper la balle, tous vos fers engrangeront des distances similaires.

TOUT N'EST PAS À JETER

Un pivot inversé rend difficile l'utilisation de fers longs et de bois de fairway, mais vous pouvez vous en sortir grâce à des fers plus courts ; en effet, avec ceux-ci, la puissance ne constitue plus un problème et la trajectoire du swing est naturellement plus abrupte. José-Maria Olazabal, deux fois vainqueur de l'US Masters, a été empoisonné par cette faute tout au long de sa carrière ; d'où son superbe jeu ferré mais ses coups de départ en dents de scie.

Remède instantané

Exercice pratique

1 Effectuez quelques swings d'essai, et lors de la montée, décollez le pied gauche du sol, en déportant tout votre poids sur le droit. Exercez-vous jusqu'à ce que ce mouvement devienne naturel.

2 Au sommet de votre montée, vous devez avoir 70 % de votre poids du côté droit, et seulement 30 % du gauche.

3 Gardez tout le temps votre genou droit fléchi. Ne le tendez à aucun moment.

Au sommet de votre montée, votre poids devrait être reporté à droite.

Au moment de l'impact, votre poids devrait alors se transférer à gauche.

Trop de greens manqués

Un des plus gros problèmes rencontrés par des joueurs à haut handicap ne tient pas tant à la qualité de leur swing qu'à leur choix de clubs. Autrement dit, vous devez bien connaître votre jeu et surtout définir vos propres longueurs de clubs.

Si, au beau milieu d'une partie, vous persistez à frapper des balles trop courtes, il vous manque probablement quelques clubs. Rappelez-vous que les conditions climatiques varient de jour en jour, et qu'elles affectent la distance que votre balle va parcourir. S'il fait chaud, la balle ira loin, mais s'il fait froid, vous devrez prévoir quelques clubs supplémentaires.

Remèdes instantanés

Soyez pragmatique
Laissez votre fierté de côté. Il est évidemment toujours possible d'atteindre 128 m avec un fer 8, mais il y a peu de chances pour que cela vous arrive toutes les fois. Donc, préférez plutôt un fer 7.

Établissez vos moyennes
Découvrez vos propres longueurs de clubs. Passez une heure sur le terrain d'entraînement pour voir à quelle distance vous frappez chaque club.

1 Frappez 20 balles avec un même club.

2 Ne comptez ni les trois meilleurs coups, ni les trois plus mauvais.

3 Calculez votre distance moyenne avec les 14 balles restantes.

4 Vous venez de découvrir votre longueur pour le club utilisé.

CONSEIL PRO

Lorsqu'un professionnel joue un coup d'approche, il l'envoie rarement s'arrêter avant le trou. Prenez un club qui enverra la balle au-delà du drapeau ; pour vous aider, visez le haut du fanion et non le bas.

Utilisez correctement vos longueurs de clubs
La plupart des terrains de golf possèdent des signaux ou indicateurs de longueur – tenez-en compte. Avant de débuter, procurez-vous un guide qui vous fournira des informations plus précises. Vous l'utiliserez ensuite comme outil de référence, car vos yeux peuvent vous trahir et mal apprécier les distances. Les distances sont-elles données pour l'avant ou le milieu du green ? En effet, sachez qu'il peut y avoir une grosse différence de club entre l'avant et l'arrière d'un green.

En définissant vos propres longueurs de clubs et en les respectant, votre swing s'améliorera, à l'image de votre concentration.

La fin du top et de la gratte

Un top effectué avec des fers est dû à deux facteurs :

- **Changement de l'angle de la colonne vertébrale durant le swing.**
- **Grip du club trop serré.**

Remèdes instantanés

Traitement contre le top

Pour éviter de trop serrer votre manche, faites quelques swings d'essai en tenant le club uniquement avec le pouce et l'index des deux mains. Vous découvrirez alors à quoi ressemble une prise correcte. Colin Montgomerie explique qu'il tient le club si légèrement que vous pourriez le lui arracher des mains.

Traitement contre la gratte

Pour éviter de gratter la balle, blotissez une serviette sous votre aisselle droite. Effectuez quelques swings en veillant à la maintenir en place. Cette stratégie vous oblige à garder les bras près du corps lors de la descente ; elle raccourcit également votre arc de swing et vous évite une gratte. Conservez la serviette jusqu'à ce que vos bras soient tendus au moment de l'impact, puis laissez-la choir sur le sol.

Effectuer quelques swings en tenant une serviette blottie sous l'aisselle droite est un moyen excellent moyen de venir à bout de grattes persistantes.

L'important est de garder la serviette en place jusqu'à l'impact, tout en conservant les bras très près du corps. En effet, une tension prématurée des bras entraînerait une gratte.

CONTRE LES TOPS SÉVÈRES

Vous devez absolument maintenir une flexion dans votre genou droit tout au long du swing. À l'adresse, placez une balle sous votre talon droit, puis effectuez quelques swings d'essai. Cette stratégie vous obligera à fléchir le genou en permanence. Notez que cet exercice traite également les problèmes de pivot inversé.

À l'adresse, placez une balle sous votre talon droit (ci-dessus), de sorte que votre avant-pied touche le sol.

Une fois la balle sous votre pied, effectuez quelques swings d'essai, car elle vous obligera à fléchir votre genou droit.

Inclinaisons

Voici quelques conseils pour vous aider à affronter des plans inclinés. Ils vous permettront d'éviter la pente glissante des coups droppés.

Remèdes instantanés

Écartez ou rétrécissez votre stance, selon la nature de l'inclinaison. Jouer sur une pente affecte l'action des jambes pendant le swing.

En rétrécissant votre stance, vous améliorerez votre mobilité corporelle et réussirez un bien meilleur coup.

Pour vous exercer sur des balles ascendantes, il est conseillé de frapper les coups en adoptant un stance plus étroit, donnant ainsi plus de mobilité au bas du corps.

Essayez la tactique opposée lorsque vous jouez sur des balles descendantes : élargissez votre stance pour renforcer votre stabilité sur ce coup difficile, et maintenir ainsi votre équilibre.

Mise en situation

Très souvent, les joueurs ignorent les principes de base d'un bon entraînement. Lors d'une partie, vous risquez d'envoyer votre balle dans un divot, donc, le meilleur entraînement consiste à s'exercer à sortir des balles de divots. Pour les inclinaisons, trouvez un coin où vous pourrez travailler vos coups ascendants et descendants. Essayez différents clubs pour tester leurs réactions et acquérir plus de confiance en vous.

Plans inclinés : bref rappel

Situation	**Conséquence**
Balle au-dessus.	Déviation à gauche.
Balle au-dessous.	Déviation à droite.
Balle sur une montée.	Perte de distance.
Balle sur une descente.	Gain de distance.

POINT ESSENTIEL

Comme indiqué ci-dessus, plusieurs coups peuvent entraîner un fade ou un draw ; mais plus le club est long, et plus les conséquences se font sentir. Donc, lorsque la balle se trouve au-dessous de vos pieds, visez légèrement plus à gauche si vous avez un fer 4 entre les mains, et ne forcez pas la distance si vous frappez avec un pitching wedge.

La fin du push

Voici deux excellents exercices à travailler pendant votre entraînement, et qui viendront à bout de votre push. Ils corrigeront ce défaut et amélioreront nettement votre jeu général.

Remèdes instantanés

Deux jambes en une

Lorsque vous inclinez la tête, votre montée peut dévier de sa trajectoire et provoquer un push. Donc, placez-vous pieds joints ou pieds croisés et frappez un grand nombre de balles. Depuis cette position, il est impossible de se pencher et de se baisser vers la balle. Avec les pieds joints, vous devrez repositionner le club dans la bonne trajectoire, en évitant ainsi le push.

Il est impossible de plonger tête la première en ayant les jambes groupées.

Ce stance vous oblige à aligner correctement votre club.

L'exercice d'obstacle

Posez une boîte de golf vide de 2,5 cm là où la balle devrait se trouver. À présent, faites quelques swings, en essayant de manquer la boîte. Chaque fois que vous touchez la boîte, cela signifie que vous avez frappé depuis l'extérieur de la trajectoire – et auriez obtenu un push. Ensuite, jouez réellement, en frappant la balle mais en tâchant de ne pas toucher la boîte. Cet exercice devrait améliorer votre swing et vous éviter de futurs pushes.

L'exercice d'obstacle vous empêchera de frapper la balle depuis l'extérieur de la trajectoire. Si vous touchez la boîte, le push n'est pas loin.

Traitement du pivot inversé

Cette faute très handicapante affecte puissance et consistance. Voici deux exercices qui vous aideront à éradiquer le problème.

Remèdes instantanés

L'exercice du pivot
Voici un bon exercice pour insuffler de la puissance au jeu et acquérir une rotation scapulaire correcte ; accessoirement, il traite aussi le pivot inversé.

1 Adoptez votre posture normale et placez un club derrière vos épaules que vous tiendrez par les extrémités ; pensez à fléchir les genoux.

2 Pivotez le buste de manière à ce que le club pointe vers l'avant du pied droit – votre poids devrait à présent reposer sur votre pied arrière. Voici la position correcte à adopter au sommet de votre montée.

Placez-vous à l'adresse en tenant le club derrière les épaules.

Pivotez le haut du corps comme sur cette photo.

3 Continuez votre rotation, en simulant la descente afin que l'autre extrémité du club pointe vers votre pied droit – ou à l'avant.

Quel poids ?
Pour mener à bien cet exercice novateur, vous aurez besoin de deux pèse-personne.

1 Posez les deux balances sur le sol et placez-vous à l'adresse, un pied sur chacune d'elle. Votre poids devrait être également distribué.

2 Initiez votre swing et arrêtez-vous au sommet de la montée. Surveillez la répartition du poids, qui devrait être à 70 % reporté à droite.

3 Terminez votre swing, et vérifiez que votre poids se déporte à gauche.

4 Si l'indication de la balance de gauche monte lors de votre backswing, votre pivot est inversé. Tâchez alors de faire descendre la gauche et d'augmenter celle de droite.

Prévoyez suffisamment d'espace pour cet exercice. Un jardin ou un garage peu encombré serait idéal.

Chips grattés

Il est très fréquent de voir les joueurs professionnels réussir leurs chips quand ils atteignent le green. Ils donnent l'impression de ne jamais manquer leur coup et, à chaque fois, ils font rouler leur balle sur un demi-mètre. Apparemment, ils n'envoient pas leur balle à plus d'un mètre et ne transforment pas non plus leur coup en top.

Une technique bien affirmée entraîne intuition et imagination sur les greens.

En principe, le chip est relativement simple. La technique n'est pas aussi complexe que celle d'un swing complet, et les distances sont moindres. Alors, pourquoi le chip pose-t-il autant de problèmes ? En fait, le chip est lié à l'assurance. Si vous avez confiance en vous, votre technique sera solide, vos pensées positives, et votre frappe impeccable.

Les meilleurs chippers du monde, Seve Ballesteros en tête, complètent leur technique exemplaire par une imagination hors du commun. Ils peuvent en effet non seulement exécuter les coups les plus incroyables, mais également les visualiser. Il s'agit là d'un talent bien pratique que vous pouvez développer avec un peu d'entraînement et d'expérience.

Un excellent moyen de stimuler votre imagination est de vous placer sur un green, et de lancer quelques balles à la main, juste pour voir comment elles réagissent sur le terrain. Une attitude positive fait aussi beaucoup : votre objectif doit être d'envoyer la balle dans le trou, et pas seulement à proximité. Vos soucis de gratte ne seront alors qu'un lointain souvenir, et votre imagination sera revigorée.

Premiers secours et traitement à long terme

REMÈDES	VOIR PAGE
● Chip gratté	p. 68
● Chip toppé	p. 69
● Chip dans les obstacles	p. 74

Chipping imprécis

Votre problème de chip est peut-être tout simplement dû à une imprécision. Vous manquez vos coups car vous en prévoyez souvent trois, voire quatre, pour atteindre votre cible. Vous devez toujours rechercher l'opportunité d'en faire le moins possible.

L'imprécision engendre des frustrations. Parfois, vous touchez au but, mais votre tir est trop court ou trop long, et s'il couvre la bonne distance, il dévie de plusieurs mètres à côté de votre cible. Heureusement, ces problèmes sont faciles à résoudre, car ils sont souvent dus à un mauvais alignement ou un club mal choisi.

Pour optimiser votre frappe et votre imagination sur les greens, vous devez pouvoir compter sur une technique solide et fiable.

Un chip imprécis est très frustrant et met en péril votre jeu tout entier – il est essentiel de bien le travailler pour ne pas perdre de points.

Premiers secours et traitement à long terme

REMÈDES	VOIR PAGE
● Chip trop court	p. 71
● Chip trop loin	p. 72-73
● Chip à droite	p. 72
● Chip à gauche	p. 73
● Imprécision générale	p. 74

Utilisez tous les outils de votre sac

Lorsque vous faites un chip, servez-vous de tous les clubs à votre disposition. Si vous vous trouvez dans le tablier bordant le green, l'herbe – plus longue – risque fort d'accrocher à votre club. Mais vous pouvez l'éviter en utilisant un bois 3 ou 5. N'ayez pas peur d'employer votre putter dans des coins inattendus ; s'il n'y a pas d'obstacles dans les environs, ce club vous rendra de précieux services.

QU'EST-CE QU'UN « HAUT ET BAS » ?

Il s'agit de marquer en deux coups, quelle que soit la position adoptée. Cette technique est plus souvent associée au chipping et aux bunkers, pour effectuer de petits chips et envoyer la balle sur une courte distance.

Chips grattés

Il y a une petite différence entre un chip gratté et un chip toppé. Vous grattez le chip lorsque vous touchez le sol avant la balle, emportant au passage un morceau de gazon, et ce, quelle que soit la vitesse de la frappe ; par conséquent, la balle ne va pas bien loin. Vous toppez une balle lorsque vous la frappez dans sa partie supérieure, sans creuser de divot. Ce coup fait voler la balle en rase-motte au-delà de la cible.

Si vous grattez vos balles et faites du surplace, votre frappe est certainement trop hésitante.

RAPPEL

Une accélération au moment de l'impact résoudra la plupart des problèmes de chip. Montrez-vous déterminé et ne ralentissez surtout pas quand arrive l'impact. Plus vous maîtriserez votre swing, et plus vous améliorerez vos chips.

Remèdes instantanés

Court mais doux

Pour encourager une accélération au moment de l'impact, effectuez une montée plus courte, mais le reste de votre swing de manière plus décidée. Comme votre montée sera réduite, vous frapperez la balle avec plus de vigueur, et en accélérerez naturellement l'impact.

Vous pouvez également avoir du retard dans votre traversée (troisième partie du swing, qui suit l'impact), ce qui est le signe évident d'une décélération à l'impact. Pensez à votre chip comme à un pendule qui doit se balancer également de droite à gauche. Si vous vous concentrez sur cette position finale, la balle sera naturellement balayée dans le mouvement, et les problèmes disparaîtront.

Une montée plus courte mais une traversée plus longue vous aideront à accélérer au moment de l'impact.

On dit que le meilleur swing consiste à reproduire la même distance lors de la montée et de la traversée.

Concentrez-vous sur l'accélération du club au moment de l'impact. Si vous peinez à exécuter ce mouvement, réduisez votre montée et allongez votre traversée.

Topper une balle à l'arrière

Une gratte et un top sont en fait des problèmes très similaires. Ils proviennent tous deux d'une décélération au moment de l'impact. Un top a souvent des répercussions plus lourdes, car la balle fuse à travers le green, dépassant généralement le drapeau, et vous laissant plus loin que vous n'aviez débuté. Un chip toppé survient parce que vous tentez de frapper la balle en utilisant vos poignets et non le loft du club.

En vous replaçant au moment de l'impact dans la position de l'adresse, vous développerez un chip fluide et irréprochable.

Remèdes instantanés

Retour à l'adresse

Placez-vous d'abord correctement à l'adresse : balle reculée dans votre stance – à l'opposé du pied droit – et mains vers l'avant près de la cuisse gauche. Au moment de l'impact, revenez à cette position d'adresse. Cette stratégie raffermira vos poignets, laissera le club faire son travail et conservera le juste écartement de vos bras. Pendant le swing, vous ne devez pas bouger les coudes ; veillez simplement à les garder aussi fléchis à l'impact qu'ils l'étaient à l'adresse. Une mobilité des coudes entraînerait à coup sûr un top.

Les mains toujours en avant

À l'adresse, vos mains devraient se trouver à l'avant du club, et rester ainsi durant tout votre swing – y compris lors de votre traversée. En gardant vos mains en avant, vous aidez à immobiliser le bas du corps, et donc, vous renforcez la puissance de votre swing naturel.

Gardez les mains en avant jusqu'au sommet de votre montée.

Veillez à maintenir vos mains ainsi pendant tout le chip.

Chips imprécis

L'aisance et le contrôle autour des greens dépendent surtout d'une solide technique et d'une position correcte à l'adresse ; néanmoins, une mauvaise appréciation des coups peut saboter ces bonnes bases et vous faire envoyer la balle trop loin. Les joueurs qui frappent convenablement leur balle mais l'expédient régulièrement au-delà de leur cible devraient reconsidérer leur stratégie.

À chaque chip correspondent généralement plusieurs options de jeu. Vous pouvez envoyer directement la balle dans le trou, la bloquer ou encore la faire rouler. Si vous envoyez constamment la balle trop loin, vous utilisez probablement toujours le même club pour chaque chip, et donc altérez votre swing.

Remèdes instantanés

Et que la balle roule !

Pour un chip, essayez de faire rouler la balle sur le green aussi rapidement que possible, car il est bien plus facile d'apprécier une distance lorsqu'elle roule à terre que lorsqu'elle vole dans les airs.

Vous risquez d'affronter des obstacles avant de faire rouler la balle sur le green.

Faites rouler la balle sur la surface de pointage aussi rapidement que possible.

DÉCHIFFREZ VOS CLUBS

Pour suivre ces règles correctement, vous devez définir la portée de chaque club en vol et en rouler. Voici un petit guide récapitulatif, même s'il est préférable que vous établissiez vos propres portées par vous-même.
En gardant toujours le même swing, vous devez faire rouler la balle sur le green aussi rapidement que possible.

Club	Vol	Rouler
Sand-wedge	90 %	10 %
Pitching-wedge	80 %	20 %
Fer 9	70 %	30 %
Fer 7	50 %	50 %
Fer 5	30 %	70 %

Si vous disposez de 5 m de tablier entre vous et la surface de pointage, vous n'aurez pas besoin de propulser la balle très haut pour la faire atterrir près du drapeau. De même, si vous envisagez un chip par-dessus un bunker pour atteindre la bordure du green, là encore, vous n'aurez pas trop de marge. Vous devez donc impérativement choisir un club adapté à votre coup, et surtout ne pas modifier votre swing.

Élever inutilement la balle à des hauteurs folles présente de sérieux dangers, car le vent peut affecter son vol ; de plus, elle ne sera pas très facile à contrôler une fois au sol.

Changement de club

Pour s'adapter aux différents chips, changez de club mais pas de swing. Modifier votre technique n'entraînerait que des inconsistances de jeu et compliquerait votre coup.

Chip trop court

Un mauvais choix de club peut vous laisser plus loin du trou que prévu. Si vous effectuez un coché-roulé avec un sand-wedge, vous serez trop long sur le coché et trop court sur le roulé. Un autre élément important est aussi à prendre en compte : un chip court peut être lié à un manque de conviction du joueur.

Remède instantané

Le jeu de l'horloge

L'horloge est un bon exercice de visualisation. Au moment du chip, imaginez qu'une horloge se trouve derrière vous et que vos mains représentent l'aiguille des heures. Pour chaque chip, vous n'allez pas modifier la vitesse de votre swing, mais seulement la portée de votre montée ; et pour contrôler votre swing, vous utiliserez l'image de l'horloge. Vos pieds doivent se trouver à six heures et votre tête à midi. Pour un coup de 6 mètres frappé avec un fer 9, lors de votre montée, vos mains ne devraient pas se reculer plus loin que les huit heures sur l'horloge imaginaire. Puis, effectuez votre swing jusqu'à trois heures. Essayez plusieurs clubs et différents « horaires » pour voir ce qui vous convient le mieux et vérifier également la portée du coup. Par la suite, sur le terrain, lorsque vous serez confronté à un petit chip délicat, vous adapterez facilement la portée de votre swing. Cet exercice améliorera également votre swing en général – notamment sa puissance au moment de l'impact – car vous penserez plus à ce que vous devez faire qu'à ce que vous ne devez pas faire.

CONSEIL EXPRESS

Quel que soit le chip, essayez de visualiser l'endroit où vous souhaiteriez voir la balle atterrir avant de la faire rouler vers le drapeau. Puis, en vous préparant pour le coup, représentez-vous la balle exaucer votre souhait. Cette stratégie vous permettra mieux d'atteindre votre but.

L'image de l'horloge vous fera apprécier la portée de vos chips.

Effectuez toujours un swing complet bien franc.

Chip trop à droite

Maintenant que vous contrôlez bien les portées de vos chips, il est rageant de les voir dévier de leur trajectoire. Très souvent, un chip dévié à droite ou à gauche est dû à un problème de placement. Le meilleur traitement contre les chips imprécis – surtout s'ils bifurquent à droite de la cible – est de vérifier rapidement votre position à l'adresse ; car au cœur de la partie, il est très facile d'oublier certains principes de base.

Remède instantané

L'adresse

Mon alignement est-il correct ?
Veillez à ce que votre bassin, vos pieds et vos épaules soient légèrement alignés à gauche de la cible, avec la face de club bien perpendiculaire.

Pourquoi la balle part-elle à droite ?
Si la balle dévie à droite, vous êtes peut-être trop raide, aussi détendez-vous un peu. De plus, veillez à reculer la balle dans votre stance.

Pourquoi placer la balle dans mon stance ?
Lorsque la balle se trouve dans l'axe de votre pied gauche ou au centre, elle risque de dévier à droite. Veillez donc à la rapprocher du pied droit.

Où dois-je placer mes mains ?
À l'adresse, gardez vos mains à l'avant de la balle. Vous devrez d'ailleurs maintenir les mains en avant tout au long de votre chip.

Comment dois-je distribuer mon poids ?
À l'adresse, votre poids doit reposer surtout sur le pied gauche. Trop de poids sur le pied arrière entraînerait un coup trop faible qui dévierait alors à droite.

L'alignement est vital pour un chip. En effet, un mauvais positionnement peut affecter votre coup tout entier.

Si, dès l'adresse, vous laissez votre balle s'échapper de sa position, vous raterez votre coup. Donc, reculez bien la balle dans votre stance.

Chip trop à gauche

Un chip qui bifurque à gauche de la cible peut être dû à un mauvais placement, mais aussi à la position précédente de la balle. En outre, une trajectoire intérieure-extérieure peut infliger une rotation latérale à la balle, donc l'entraîner à gauche et loin du trou.

Remèdes instantanés

Dompter le rough

Lorsque vous effectuez un chip depuis un rough épais, la tête du club risque d'accrocher l'herbe au moment de l'impact. Cet accroc ferme la face du club, envoyant alors la balle sur la gauche. Pour vaincre ce défaut, frappez la balle plus fermement que si vous jouiez un coup normal. Prévoyez plus de loft et veillez à ne jamais relâcher vos poignets. Si vous maintenez sur le grip une bonne pression avec les trois derniers doigts de votre main gauche, il vous sera plus facile de garder la face de club droite.

Suivre la bonne voie

Vérifiez bien la correction de votre trajectoire :

1 Posez un club sur le sol, parallèlement à votre trajectoire.

2 Effectuez quelques swings d'essai.

3 Si, lors de votre montée, vous touchez le club, vous avez une trajectoire « extérieure-intérieure ». Si vous heurtez le club dans votre traversée, la trajectoire est alors « intérieure-extérieure ».

Les deux fautes dévieront la balle à gauche, mais avec la trajectoire « intérieure-extérieure », vous ajoutez un dangereux topspin à la balle qui va alors rouler très loin. Votre swing doit rester aligné avec votre trajectoire, aussi exercez-vous en gardant le club bien parallèle. Répétez le mouvement au moment de jouer votre partie.

« INTÉRIEURE-EXTÉRIEURE » ET « EXTÉRIEURE-INTÉRIEURE »

Lorsque les commentateurs et les joueurs parlent en ces termes, ils discutent de la trajectoire du club durant le swing. « Extérieure-intérieure » signifie que le club part de l'extérieur de la ligne de vol – donc éloigné du corps du joueur – pour aller à l'intérieur de cette ligne et donc se rapprocher du joueur. Et vice versa pour la trajectoire « intérieure-extérieure ».

Vérifiez la trajectoire de votre swing en posant au sol un club parallèle à la trajectoire souhaitée.

Chips imprécis

Pour améliorer la précision et la consistance de votre petit jeu, travaillez deux éléments :

- **La solidité de la technique,**
- **Le développement du ressenti.**

Il existe quelques exercices d'entraînement très efficaces pour perfectionner vos chips.

Remèdes instantanés

Chip depuis une position difficile

Pour améliorer votre frappe et acquérir une bonne technique, essayez cet exercice difficile qui viendra à bout de tous les défauts. En effet, il est tellement implacable, qu'une fois maîtrisé, tous les chips standards vous sembleront simplissimes. Concentrez-vous sur votre position à l'adresse, et à laquelle vous reviendrez au moment de l'impact.

1 Prenez un vieux wedge ou un fer 9 que vous ne craignez pas de rayer.

Jouer un chip sur une surface dure peut réellement améliorer votre technique au petit jeu – mais n'oubliez pas de prendre un vieux club !

2 Placez-vous sur une allée ou une dalle de béton située près d'un green.

3 Frappez quelques balles sans vous préoccuper de leur destination ; reportez votre attention sur la qualité du coup.

L'échelle

Pour déceler la portée de vos clubs en vol et en rouler, composez cet exercice de l'échelle.

1 Disposez environ cinq clubs sur le green, en les espaçant d'un mètre chacun. Lâchez six balles sur le tablier du green et près des clubs.

2 Débutez avec un fer 7 et essayez d'envoyer une balle entre le premier et le second club, puis une autre entre le second et le troisième, et ainsi de suite. Continuez jusqu'à ce que vous compreniez comment ce club réagit.

3 Changez de clubs pour tester les réactions des autres. Notez les portées et utilisez vos conclusions lors que vous jouerez.

Disposez les clubs sur le green en les espaçant en échelle.

Avec différents clubs, envoyez les balles entre les barreaux de l'échelle.

« Sentir » le chip

Quand vous lancez un ballon à quelqu'un, sans même réfléchir, vous l'envoyez de sorte qu'il l'attrape. Votre instinct vous fait viser juste, vous ne laissez pas tomber le ballon à vos pieds et ne l'envoyez pas non plus à des kilomètres. C'est parce que vous « sentez » les choses naturellement.

Remèdes instantanés

Découvrez vos instincts naturels

Ces mêmes instincts naturels s'appliquent au chipping. Imaginez que vous lancez à la main la balle vers la cible. D'ailleurs, justement, faites-le donc sur un green d'entraînement – lancez la balle vers le trou. Vous serez surpris de voir à quel point votre œil jauge bien la portée et la vitesse du mouvement.

CHIP OU PITCH ?

De nombreux joueurs pensent que la différence entre ces deux coups tient à la distance impliquée – on « chip » de près, et on « pitch » de loin. Ce n'est pas toujours exact. En effet, vous pouvez très bien faire un chip pour 46 m sur un terrain difficile, mais préférer un pitch pour 27 m sur un green plus tendre. Avec un chip, les mains ne montent pas plus haut que le bassin. Avec un pitch, les mains dépassent le bassin lors de la rotation des poignets.

Rendez votre entraînement plus ludique en visant différentes cibles disposées tout autour du green. Cet exercice sera plus intéressant et surtout développera vos instincts naturels.

Avant de jouer votre chip, effectuez quelques swings d'essai, mais uniquement avec les mains. Faites comme si vous lanciez la balle vers le trou, puis répétez votre tentative lorsque vous jouerez effectivement votre chip.

Le choix des cibles

Placez quatre ou cinq serviettes à différents endroits de la surface de pointage. Trouvez ensuite un bon emplacement sur le green. Prenez une douzaine de balles et envoyez-les l'une après l'autre sur chacune des serviettes. Ne visez pas la même serviette plus de deux balles de suite. Comptez les points en tachant de réduire votre score.

Un exercice de compétition est un excellent moyen d'améliorer votre petit jeu. En inventant des exercices ludiques et en vous mesurant à vos amis, vous progresserez plus rapidement qu'en vous exerçant seul à frapper des balles.

PUTTING

En trois coups

Un des aspects les plus frustrants du golf se manifeste lorsque vous atteignez bien le green, mais manquez ensuite votre coup et laissez échapper la balle. Votre frappe peut être brillante, mais prévoir trois coups pour mettre la balle dans le trou reste très handicapant. Sans compter que ces fautes sont contagieuses. Très rapidement, la nervosité va vous gagner et votre prochain putt parcourra 15 m au lieu des 3 nécessaires.

Plusieurs raisons expliquent ces maladresses, mais la principale est une mauvaise appréciation de la trajectoire ou de la vitesse. Sur une distance de 3 m, pour marquer en moins de deux coups, la trajectoire doit prendre le pas sur la vitesse. Si vous appréhendez correctement la trajectoire et frappez la balle de manière décidée, vous devriez facilement parvenir à vos fins.

IMPORTANCE DE L'ÉQUIPEMENT

Vous devez obligatoirement posséder les outils appropriés. Si votre putter est trop long ou trop court, vous peinerez à développer une consistance de jeu. Un putter court entraîne une posture voûtée – et, s'il est trop long, une position trop raide. À l'adresse, vos mains devraient se trouver sous vos épaules. Si cette position vous est difficile, vérifiez avec un professionnel que votre putter vous convient bien.

Si vous manquez constamment vos putts, vous aurez du mal à terminer la partie avec un score décent. Une frappe et un club appropriés viendront à bout de ce problème.

Premiers secours et traitement à long terme

REMÈDES	VOIR PAGE
● Impossibilité de garder la trajectoire	p. 80
● Pas de consistance dans la frappe	p. 80
● Longs putts mal appréciés	p. 86
● Putts courts mal appréciés	p. 88
● Un bon putting pour la vie	p. 90

Mauvaise appréciation des distances

Il est très délicat de jauger les distances sur les greens, surtout si vous jouez assez régulièrement sur différents parcours. Il n'existe pas de techniques physiques pour apprendre à déchiffrer les greens – d'ailleurs, on a souvent dit que le putting était davantage un art qu'une science ; néanmoins, certains exercices et conseils logiques pourront vous aider à dompter rapidement cette surface.

Face à un long putt (au-delà de 6 m), votre objectif principal est d'estimer la portée de votre coup. En effet, si vous avez la bonne distance, vous enverrez toujours la balle près du trou. Comme on ne vous demande pas de marquer régulièrement à cette distance, mieux vaut que la balle atteigne le trou même dans un périmètre de 60 cm, quitte à dévier légèrement de la cible.

Premiers secours et traitement à long terme

REMÈDES	VOIR PAGE
● Inconsistance	p. 80
● Problèmes généraux de portée	p. 82
● Inconsistance de l'appréciation	p. 84
● Mauvais calcul des putts courts	p. 88
● Un bon putting pour la vie	p. 90

Face à un long putt, votre souci doit rester l'appréciation de la distance et non de la trajectoire – l'objectif est d'envoyer la balle dans une circonférence de 60 cm autour du trou.

Putts manqués à gauche et à droite

Si vous réfléchissez aux échecs de vos putts, vous conclurez probablement qu'ils sont souvent dus à une déviation de la balle à droite du trou. Il s'agit en fait du problème le plus fréquent dans le putting. Les joueurs prévoient rarement suffisamment d'ampleur à gauche de la cible, et par conséquent, leur balle dépasse le trou.

Mais vous faites peut-être partie des « rebelles » qui envoient la balle rouler à gauche plutôt qu'à droite. Quoi qu'il en soit, votre score final ne souffrira que si vous laissez tomber votre balle. S'il ne s'agit que de problèmes de déviation, essayez ces remèdes.

Premiers secours et traitement à long terme

REMÈDES	VOIR PAGE
● Échecs à gauche et à droite	p. 83
● Mauvaise appréciation des putts	p. 85
● Précision consistante	p. 90

Le manque d'ampleur dans le mouvement entraîne une déviation à droite ou à gauche, même avec une appréciation correcte des distances.

Putts courts médiocres

La plupart des putts en trois coups englobent l'échec d'un putt court. Cet échec peut entamer votre capital confiance et, une fois que vous avez raté deux putts courts de suite, le trou semble rétrécir, à l'instar de votre balle.

Maintenant, si vous avez réussi quelques putts à portée moyenne, vous devriez jouer le prochain sans problème notable et avec succès. La confiance ressentie avec les putts courts a un impact direct sur le reste de votre jeu et votre swing tout entier.

Les putts courts paraissent délicats uniquement parce que le joueur pense qu'ils le sont. Mais une approche positive peut changer tout ça.

Premiers secours et traitement à long terme

REMÈDES	VOIR PAGE
● Coup manqué à gauche	p. 88
● Coup manqué à droite	p. 88
● Putts trop courts	p. 88
● Coups manqués de part et d'autre	p. 89
● Trop loin avec des putts courts	p. 88
● Ne manquez plus une cible proche	p. 90

Des coups rapprochés réussis améliorent votre score et sont essentiels pour récupérer des points.

Des succès réguliers aux putts courts vous donnent de l'assurance pour le reste de votre partie.

Problèmes de putting

La plupart des problèmes de putting – à l'instar de nombreux soucis de swings – proviennent d'une adresse déficiente. Si vous ratez plusieurs putts de suite, vous devriez rapidement vérifier votre adresse, votre alignement et votre positionnement général.

Remèdes instantanés

Position de la balle
Voici l'élément le plus important du putting. Si vos putts bifurquent à droite, la balle est placée trop en avant. S'ils dévient à gauche, la balle est trop en retrait. Dans l'idéal, la balle devrait se trouver directement sous vos yeux. Vérifiez donc la correction de la position de votre balle :

1 Tendez votre putter à la verticale en partant de votre nez.

2 La tête du club doit recouvrir la balle.

En effet, avec les yeux sur la balle, vous aurez une bien meilleure vision de la trajectoire.

Perfectionnement
Une mauvaise posture affecte la consistance de votre frappe. Voici les bases d'une bonne posture de putting :

1 À l'adresse, votre posture ne doit pas s'affaisser.

2 Gardez le dos bien droit et penchez-vous depuis le bassin.

3 Maintenez les mains sous les épaules, et non pas à l'avant ni près des cuisses.

4 Les genoux ne doivent être que peu fléchis.

5 Pliez légèrement les bras, en gardant les coudes dirigés vers la cage thoracique.

LA BONNE PRISE DU PUTTING

Un mauvais contrôle de vos putts à distance est probablement dû à une mauvaise prise. Votre grip est votre lien avec le club. S'il n'est pas confortable, vous n'éprouverez jamais de bon ressenti. Commencez par utiliser un grip overlapping normal, et si celui-ci ne fonctionne pas, essayez une autre combinaison. Voici les trois plus courantes :

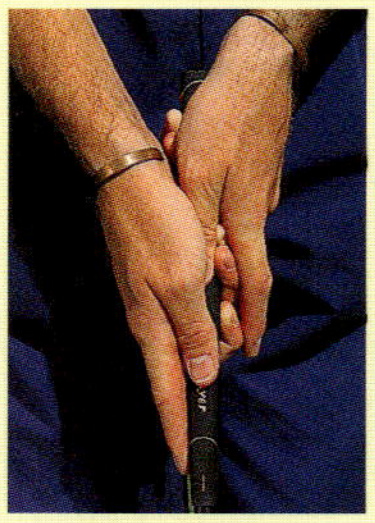

1 Le grip overlapping, technique la plus orthodoxe, est considéré généralement comme le moyen le plus facile de tenir le putter.

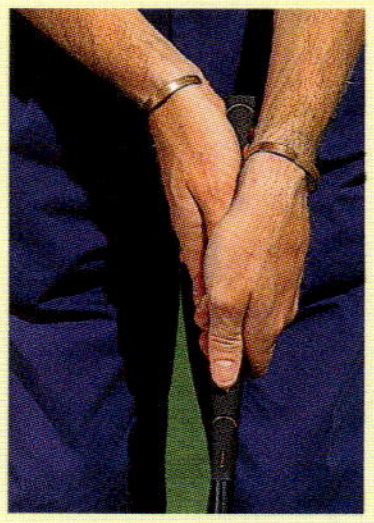

2 Le grip « gauche-sous-la-droite » est une technique qui aligne vos épaules à l'adresse, et produit un coup superficiel, entraînant alors un mouvement plus pur et plus consistant.

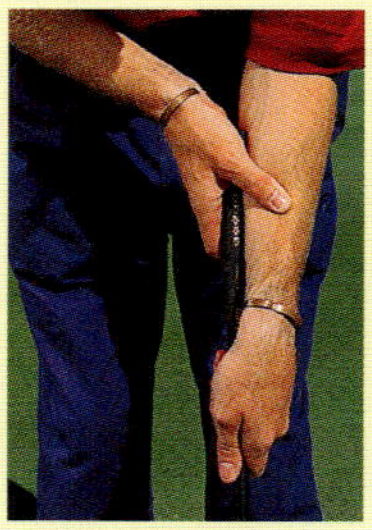

3 Le grip « Langer », moins populaire, a été conçu par Bernhard Langer après une sérieuse crise d'anxiété. Mieux vaut ne l'utiliser qu'en dernier recours.

Rectifier son alignement

Un mauvais alignement peut être à l'origine de mauvais putts. En jouant avec un corps aligné correctement, vous obtiendrez une frappe plus consistante. Vérifiez que tous les éléments fondamentaux sont parallèles à la trajectoire choisie. Certains professeurs préconisent parfois un stance légèrement ouvert, mais en restant parallèle, vous ne prendrez aucun risque.

Remèdes instantanés

Vérification de l'alignement

- Vos pieds sont-ils parallèles ?
- Vos genoux sont-ils parallèles ?
- Vos épaules sont-elles parallèles ?
- La tête de votre putter est-elle perpendiculaire à votre cible ?

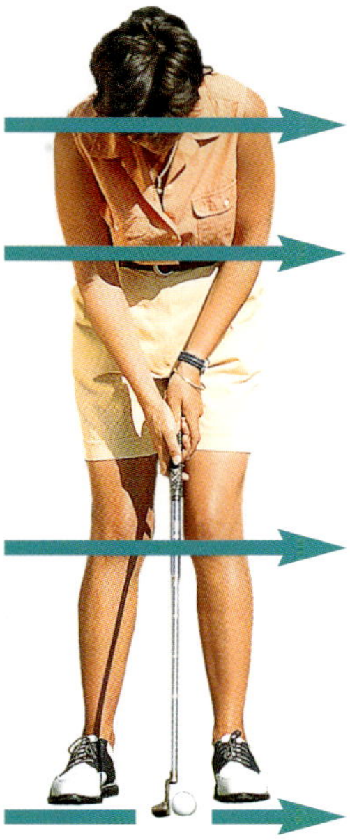

Un bon alignement implique d'avoir tous les éléments parallèles à la trajectoire.

Quelle que soit la longueur du putt, votre alignement ne doit pas changer.

Conservez la même adresse

Vous ne gagnerez rien à modifier votre positionnement en fonction des différentes longueurs de putts. Vous devez au contraire maintenir une position à l'adresse identique afin d'initier un coup consistant. Seule la montée de votre putter est à renégocier. Autrement, votre adresse doit rester la même pour un putt de 10 m ou de 2 m.

SUIVEZ LE LOGO

Voici un excellent moyen de placer votre putter perpendiculaire à la trajectoire, au moment de l'adresse. Marquez votre balle ou utilisez le logo du fabriquant que vous dirigerez vers la cible souhaitée. Posez le putter perpendiculairement à la marque et prenez votre stance. Une fois aligné, il sera facile d'effectuer un tir fluide et bien droit.

Problèmes de putting

Une fois votre alignement sous contrôle, vous devez vous occuper de votre coup. Sa portée va déterminer la distance parcourue par le putt. Or, plusieurs erreurs courantes affectent votre appréciation des distances.

Remède instantané

Un mouvement équidistant

Pour tirer le meilleur parti d'un putting, vous devez trouver un certain rythme lors de votre entraînement, et vous y tenir. La longueur de votre montée est la seule chose qui doit varier. Plus vous désirez envoyer la balle loin, plus votre montée doit être élevée. Une fois la balle au sommet de la montée, pour éviter une frappe trop courte, vous devez impérativement prévoir une traversée de même longueur. Voici une pensée positive qui empêchera vos balles de tourner court : « Long en montée – long en traversée. »

Si vous peinez à trouver vos marques sur le green, votre montée est probablement trop courte et trop rapide. Dans ce cas, vous risquez bien des déconvenues.

Un mouvement long et fluide encourage une accélération à l'impact, faisant rouler la balle dans une trajectoire plus nette et moins déviée.

AGRANDISSEZ LE TROU

Si vous avez du mal à apprécier les distances, imaginez que le trou est en fait le couvercle d'une poubelle. Votre objectif est d'amener la balle dans un rayon d'1 m. Cette pensée positive devrait faciliter vos coups et effacer toute trace de nervosité.

Pour un meilleur ressenti des plus longs putts, privilégiez une montée plus importante dans votre swing.

Pour contrer la décélération, veillez à initier une traversée de longueur égale à celle de la montée.

Putts manqués à gauche et à droite

Si vous manquez des longs putts de chaque côté du trou, vous devez probablement peiner à maintenir votre mouvement en ligne. Suivez donc ces conseils pratiques.

Remèdes instantanés

Trop grande mobilité des poignets

Lors d'un putting, il ne devrait y avoir aucune mobilité des poignets. Pensez Y : le manche de votre club et vos bras doivent en effet former un Y. Gardez le putter près du sol lors de votre montée – initiée par les bras et les épaules, et non les poignets – et maintenez ce Y. Accélérez sans à-coups à l'impact, en immobilisant vos poignets.

À l'adresse, veillez à la position de vos poignets.

Gardez l'angle des poignets durant la montée.

Maintenez cet angle jusqu'à la traversée.

L'horloge de parquet

Si vous manquez vos putts à droite, la faute revient peut-être à la trajectoire extérieure-intérieure de votre swing, du fait d'une trop grande mobilité du bas du corps. Vous devez garder les jambes et les fessiers immobiles durant tout le putting, seules les épaules doivent bouger. Visualisez vos épaules, vos bras et le putter comme le pendule d'une horloge de parquet dont votre corps serait le boîtier. Le pendule bouge, mais le boîtier reste immobile, à l'instar de votre propre mouvement de putting.

Vous êtes l'horloge de parquet. Vos bras et le putter forment le pendule, et votre corps constitue le boîtier, qui ne bouge pas.

DES COUPS SELON LES PERSONNALITÉS

Il est essentiel de rappeler qu'il n'existe pas de bonne ou mauvaise technique de putting. Si vous observez les meilleurs putters du monde, vous constaterez une grande variété de techniques, grips, clubs et coups – tous se valant plus ou moins. Les sensationnels coups de putter de l'américain Billy Mayfair lui ont rapporté une fortune. Mais comme toujours, vous augmenterez vos chances de réussite en respectant les règles fondamentales.

Apprivoiser le putting

Le putting est à la fois la partie la plus gratifiante du jeu mais aussi la plus frustrante. Vous pouvez en effet réussir un trou avec brio, puis rater le suivant. Pour acquérir une consistance de jeu et de frappe, vous devez suivre une procédure consistante.

UNE BULLE DE CONCENTRATION

Surmontez votre nervosité en créant une bulle dans laquelle vous pourrez vous réfugier en cas de stress. Grâce à un entraînement intensif, cette « bulle de concentration » deviendra naturelle – vous serez même gêné si vous n'y avez pas recours. Enfin, suivez votre circuit, aussi long soit-il, pour chaque putt frappé.

Remède instantané

Une question de routine
Si vos résultats sur le green sont très aléatoires, il est temps de suivre un petit échauffement. En voici les principaux éléments :

- Lecture du putt.
- Coups d'entraînement.
- Évaluation finale.
- Déclenchement du mouvement.

1 Envisagez le putt sous deux angles différents : derrière le trou et derrière la balle.

2 Effectuez trois coups d'essai en vous concentrant sur le trou. Répétez ensuite ce mouvement au moment de jouer.

3 Mettez-vous à l'adresse et jetez un dernier regard au trou.

4 Revenez sur la balle et initiez la montée dans les deux secondes qui suivent.

Sauvez votre putting en adoptant un circuit d'urgence, que vous pourrez toujours redéfinir plus tard.

Un échauffement permanent

Une fois votre partie sauvée grâce à un circuit de secours, il est temps d'en établir un plus détaillé, mais tout aussi rapide et efficace pour vos putts. Vous devriez déjà avoir le squelette de cet échauffement et en avoir assimilé les éléments principaux (voir page 84). Voici quelques ajouts qui l'amélioreront encore. Mais attention : s'il est trop long, vous risquez d'agacer vos partenaires et les autres joueurs ; donc, restez bref et efficace.

Remède instantané

Une question de routine

1 Appréciez votre putt en arrivant sur le green, vous économiserez ainsi du temps.

2 Effectuez quelques coups d'essai en vous concentrant sur le trou. Vous renforcerez vos instincts naturels.

3 La durée de votre circuit –depuis la lecture du putt au déclenchement du mouvement – doit rester invariable, qu'il s'agisse du premier putt de la partie ou d'un putt à 3 m au milieu du match. En outre, le circuit ne doit pas s'éterniser.

4 Dirigez-vous vers le putt en suivant la ligne que vous envisagez de donner à la balle, et non selon la trajectoire directe entre vous et le trou. Là encore, vous développerez vos instincts naturels.

5 Ne vous attardez pas sur le putt ou toute votre préparation aura été vaine ; Lee Trevino avait un excellent motto : « Si vous devez rater un putt, au moins ratez-le vite ! »

Appréciez vos putts au moins selon deux angles différents.

Vos coups d'essai doivent être identiques à ceux frappés lors de la partie.

La durée de votre échauffement doit être invariable… à chaque fois.

Lecture des putts

Le déchiffrage de la trajectoire et de la portée d'un putt est tout un art. Pour certains joueurs talentueux, cette technique vient naturellement ; pour d'autres, elle nécessite un entraînement intensif et de l'expérience. Si vous peinez à apprécier les greens, assimilez les huit principes suivants, d'une efficacité inégalée.

Remèdes instantanés

Les meilleurs principes de lecture des putts

1 Cherchez les indices. Lors de la lecture d'un putt, il y en a un peu partout. Par exemple, Tiger Woods recherche le point le plus haut – les putts s'en éloigneront. Dans un putt, la balle a tendance à aller vers l'eau ; donc, si vous vous trouvez à proximité d'un lac, visez loin de cet obstacle.

2 Si vous êtes face à une balle ascendante, vous devrez la frapper plus fort afin que le rebond soit moins prononcé. Avec une balle descendante, le rebond risque d'être exagéré. La règle prévaut aussi avec les greens lents et rapides : le rebond est plus fort avec les rapides qu'avec les lents.

3 Vous ne devez vous préoccuper du rebond qu'au dernier tiers d'un long putt. Les ondulations du green ne l'affecteront pas au début si votre putt est bien décidé. Effectuez quelques swings d'essai pour apprendre à mieux déchiffrer la portée des rebonds.

4 Versez de l'eau pour trouver votre trajectoire. Payne Stewart imaginait qu'il déversait un seau d'eau sur l'herbe et visualisait ensuite le chemin qu'elle allait prendre pour s'échapper.

De nombreux indices entourent la lecture des putts – leur recherche doit faire partie de votre préparation.

5 Sur les longs putts, les joueurs professionnels donneront à leur coup plus d'ampleur qu'ils ne l'imaginaient – jusqu'à plusieurs mètres. En effet, s'ils ratent leur putt, ils préfèrent le manquer sur une hauteur, de sorte que la balle revienne toujours vers le trou.

6 Si vous avez du mal à respecter la trajectoire choisie, traitez chaque putt comme un coup droit. Visez là où vous pensez avoir le plus de chance de réussite ; par exemple perpendiculairement au trou, auquel cas, votre adresse devra être aussi perpendiculaire à cet « apex ». Initiez ensuite un coup bien franc.

En traitant chaque putt comme un coup droit, et en le frappant au sommet de la trajectoire, vous réduisez les risques d'échec.

MALÉDICTION DE LA LENTEUR

Chaque joueur devrait s'échauffer avant de putter, mais ce ne doit pas être une excuse pour jouer lentement. Les golfeurs amateurs sont sur le terrain pour s'amuser et se détendre, même s'il y a un petit trophée à la clé. Quel que soit le putt, votre échauffement doit rester bref; n'imitez pas les longs préparatifs des professionnels. De nombreux commentateurs pensent d'ailleurs que ces sportifs exagèrent, mais il faut dire que d'énormes sommes d'argent sont en jeu – et même si votre match est important, les enjeux restent moindres.

7 Avant d'effectuer votre putt, visualisez la balle rouler vers le trou et emprunter la trajectoire que vous souhaitiez. Dans le doute, faites confiance à la première impression ressentie en arrivant sur le green – elle est généralement exacte.

8 Au moment de frapper, après avoir jeté un dernier coup d'œil au trou, ayez confiance en votre analyse. Les putts paraissent souvent différents selon l'angle, et vous pourriez modifier votre tactique. Abstenez-vous en. Continuez sur votre lancée et frappez franchement.

Putts courts manqués

Si vous relevez la tête et les épaules au moment de votre impact, vous entraînerez vraisemblablement une déviation de la balle vers la gauche. Ce phénomène se produit lorsqu'on souhaite voir où la balle est partie.

Avec des putts courts, le problème le plus fréquent reste la déviation à droite : à l'impact, la face du club ne frappe pas la balle perpendiculairement, et par conséquent, celle-ci bifurque à droite.

Mais il y a plus grave que les putts déviés à droite ou à gauche : les putts trop courts. S'il manque 2 m à votre putt, vous avez commis le péché capital par excellence. En effet, à cette distance, vous auriez dû réussir à mettre la balle dans le trou.

Remèdes instantanés

Coup manqué à gauche

Sur de courtes distances, il est essentiel d'accompagner la balle jusqu'au bout.

Si vous ratez de nombreux putts, concentrez-vous uniquement sur votre traversée. Veillez à terminer votre swing avec la tête du club dirigée vers la cible.

BREF RAPPEL

La réussite de vos putts tient beaucoup à la pensée positive et à une accélération au moment de l'impact. En cas de décélération ou de négativisme, vous les raterez à coup sûr.

Pour un putt de 2 m, suivez la balle jusqu'à ce que vous entendiez sa chute dans le trou. Nick Faldo était un expert dans l'écoute des chutes de balles. Lors de sa victoire en 1992 à l'Open Championship à Muirfield, même avec son putt final de 0,5 m, il se contenta d'écouter la chute de la balle, puis récolta les applaudissements – et le titre.

Coup manqué à droite

Colin Montgomerie dit qu'il dévie ses coups à droite lorsque sa montée n'est pas suffisante – ce qui arrive souvent aux amateurs. Si votre montée est courte, vous risquez de perdre votre rythme ; en outre, vos mains avanceront et dépasseront la balle, la déviant donc à droite. En conclusion, si vous ratez vos putts, prenez quelques secondes supplémentaires pour élever davantage votre montée.

Putts trop courts

Avec de faibles distances, vous devez essayer de marquer ; donc soyez agressif. Une fois votre trajectoire établie – vous ne devez viser à côté de la cible qu'en de très rares occasions – concentrez-vous sur la traversée. Ne pensez plus à votre montée ni à l'impact, mais veillez plutôt à terminer votre swing avec la tête du club pointée vers la cible.

Grâce à cette simple directive, vous positiverez.

Coups manqués des deux côtés

Un putt manqué à gauche ou à droite est souvent dû à une mauvaise trajectoire. Il existe plusieurs astuces et méthodes pour établir une bonne ligne de vol, mais face à un putt court, mieux vaut les ignorer. Prenez exemple sur Tiger Woods, Sergio Garcia ou toutes les jeunes vedettes de golf. Ils ne ratent jamais leur cible, car ils frappent leur balle bien franchement.

Pour un putt de 2 m, plus vous frapperez fort, et moins vous aurez à vous préoccuper de la trajectoire. Si vous hésitez sur la ligne de vol, visez le milieu du trou et frappez bien fort. Ne vous inquiétez pas du retour de la balle, car plus votre coup sera décidé, et plus vous aurez de chance de marquer.

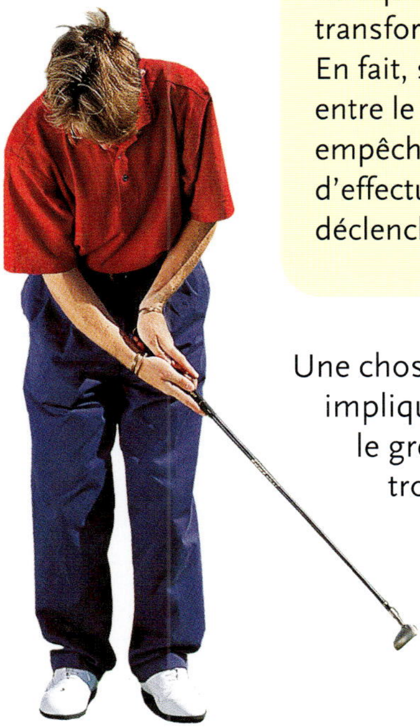

Le stress peut devenir une pathologie handicapante.

Remède instantané

Vaincre la nervosité

Pour une raison inexpliquée, face à un putt court, le joueur tressaille devant la balle, avec une vibration quasi spasmodique des poignets. Le mouvement est involontaire et la balle, totalement incontrôlée, finit souvent très loin du trou. Les meilleurs joueurs souffrent de ce fâcheux problème. En fait, c'est un trouble réel, un peu comme une maladie, et d'ailleurs, certains chercheurs américains tentent d'en découvrir l'origine.

LE STRESS

Lorsqu'il atteint des sommets, le stress peut transformer un champion en véritable épave. En fait, sous la pression, la communication entre le cerveau et les mains est rompue, empêchant même parfois les joueurs d'effectuer une simple montée. L'élément déclencheur de ce trouble reste flou.

Une chose reste certaine : le traitement implique un solide entraînement sur le green. Bernhard Langer a pu vaincre trois de ces crises d'anxiété. Mais si ces attaques surviennent au moment de jouer, rien ne les arrête et vous devrez essayer de recoller les morceaux en limitant les dégâts. Vous pouvez cependant tenter de changer votre grip. C'est de cette manière que Langer finit par en venir à bout.

Adoptez un nouveau grip pour calmer votre nervosité.

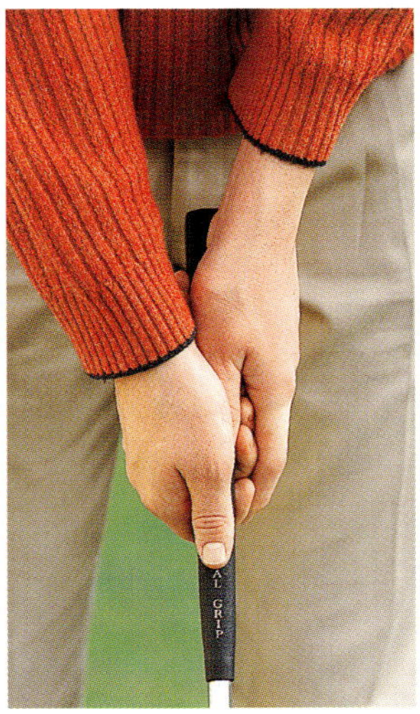

Vous devrez vous exercer à chasser le stress.

Un putt solide pour la vie

C'est sur le green d'entraînement que vous éliminerez vos putts en trois coups. Vous pouvez travailler sur votre swing et votre technique, mais pour un putt en deux coups, privilégiez les sensations. Pour ne plus rater un coup à 2 m, faites quelques exercices. Votre entraînement sera alors plus ludique et améliorera considérablement votre jeu.

L'exercice de colin-maillard aide à travailler le ressenti.

Remèdes instantanés

Colin-maillard

Si vous avez perdu toute notion de distance, jouez sur plusieurs terrains différents, et avez besoin d'analyser rapidement la surface de putting, voici un exercice parfait, largement utilisé par les professionnels ; il consiste à vous priver d'un de vos sens pour exacerber les autres.

1 Prenez trois ou quatre balles et fixez-vous pour objectif un putt de 5 m. Mettez-vous à l'adresse sur une des balles.

2 Fermez les yeux et frappez la balle vers le trou.

3 Avant d'ouvrir les yeux, devinez où la balle s'est arrêtée, puis vérifiez la justesse de votre conclusion.

4 Continuez à jouer en fermant les yeux. Vos évaluations se feront plus précises, à l'instar de votre appréciation des distances.

Impact visuel

Il existe un exercice similaire, très efficace pour vous aider à affiner votre jeu sur le green, et qui consiste à jouer un certain nombre de putts en regardant le trou mais pas la balle. Cette stratégie dressera votre esprit à traduire ce qu'il voit – la distance du putt et l'étendue du terrain – en terme de putting.

Effectuez des putts en ne regardant que le trou.

Essayez d'envoyer la balle dans la « zone de sécurité », se trouvant à 1 m au-delà du trou. Ainsi, la balle aura une chance d'y tomber, mais dans le cas contraire, vous limiterez les dégâts. Vous pouvez aussi placer un club derrière le trou et l'utiliser comme garde-fou.

La balle de tennis

Si vous avez perdu toute assurance dans les putts courts, et par conséquent, les ratez tous, entraînez-vous au putting avec une balle de tennis à la place d'une balle de golf. Cet exercice est plus difficile qu'il n'y paraît, car pour réussir un putt à 2 m avec une balle de tennis, vous devez envoyer la balle juste au milieu du trou. Une fois que vous vous êtes bien exercé, remplacez la balle de tennis par une balle de golf – le trou vous semblera alors bien grand et la balle minuscule ; exactement ce dont vous avez besoin pour réussir vos putts courts.

L'exercice du manche

Si vos putts les plus courts s'essoufflent avant d'atteindre leur cible ou bifurquent de leur trajectoire à la fin de la course, vous ne les frappez pas suffisamment fort. Lorsque la balle manque d'énergie, elle subit davantage l'impact du terrain. Plus vous frapperez fermement vos putts courts, et moins vous aurez à vous préoccuper de la trajectoire.

Exercez-vous à une frappe positive en disposant un club devant le trou. Placez-vous à 2 m et essayez de réussir vos putts par-dessus le club. Vous devrez frapper la balle plus fort pour qu'elle saute par-dessus le manche, et vous vous inquiéterez donc moins de sa trajectoire. Vous constaterez vite que les balles franchissent l'obstacle avant de tomber dans le trou. Bien entendu, pour que le saut et la chute aient lieu correctement, vous devrez frapper le putt fermement.

Exercez-vous avec une balle de tennis.

L'exercice du manche vous rendra plus positif.

Bunkers de green

Il est assez frustrant de voir les champions se jouer du sable et réussir de beaux coups, alors qu'un simple bunker vous fait perdre tous vos moyens. Pourtant, les bunkers ne sont pas aussi dévastateurs qu'ils apparaissent. D'ailleurs, une fois que vous les aurez apprivoisés, vous préférerez un coup sablonneux à un chip, car vous aurez alors plus de contrôle et d'ampleur. Mais avant d'en arriver là, il faut d'abord apprendre à dégager votre balle.

Premiers secours et traitement à long terme

REMÈDES	VOIR PAGE
● Se dégager du premier coup	p. 98
● Prisonnier d'un bunker	p. 99
● De l'assurance dans le sable	p. 106

Il est moins difficile de se dégager d'un bunker qu'il n'y paraît.

Reprendre le contrôle des bunkers

Vous pouvez vous dégager du piège en un seul coup, mais sans avoir la moindre idée de son point final. Parfois, la balle ira se perdre 6 m au-delà du drapeau et, parfois, elle atterrira 3 m avant. Une autre fois encore, vous l'enverrez directement dans le trou.

Tout cela est bien irritant, mais avec quelques ajustements techniques et un peu d'entraînement, vous reprendrez le dessus. Pour apprivoiser les bunkers, votre technique doit être impeccable ; donc, travaillez d'abord ce point.

Sur un terrain de golf, les bunkers font la loi ; il n'est donc pas surprenant qu'ils aient inspiré un des plus fameux aphorismes. Sur le point de remporter l'US Open, Gary Player parvint à envoyer directement la balle dans le trou depuis un bunker. Un spectateur, époustouflé, remarqua à quel point le Sud Africain était chanceux. Ce à quoi, le champion aux huit victoires répliqua : « Oui, c'est étonnant : plus je m'entraîne dur et plus je deviens chanceux. »

HALTE À L'INTIMIDATION

De tous les coups joués au golf, celui frappé depuis un bunker standard est le moins implacable. En effet, à condition d'être bien manié, un équipement spécifique permet de s'échapper du sable et d'envoyer la balle dans un périmètre très convenable. Donc, colletez-vous à l'obstacle sans hésiter, et vous découvrirez rapidement que le monstre sablonneux n'est qu'un mythe.

Premiers secours et traitement à long terme

REMÈDES	VOIR PAGE
● Contrôle des distances	p. 100
● Dégagements déviés	p. 101
● Perfectionnement	p. 106

Objectif : une bonne technique dans les bunkers.

Bunkers de fairway

L'envoi d'une balle dans un bunker de fairway vous coûtera souvent un coup, mais pas davantage. Le bunker à 70 m est considéré comme l'un des plus difficiles en raison de sa distance un peu bâtarde.

En principe, il n'est jamais trop périlleux de se dégager d'un de ces obstacles, car ils possèdent souvent de petits rebords – à moins que vous ne jouiez sur un parcours très dur, comme on en rencontre sur la côte britannique. En revanche il est un peu plus compliqué d'envoyer la balle à une certaine distance.

Premiers secours et traitement à long terme

REMÈDES	VOIR PAGE
● Impossibilité de s'éloigner	p. 102
● Gérer les bunkers de fairway	p. 102
● Gagner en assurance	p. 106

Pour gérer efficacement les bunkers de fairway, vous devez définir des objectifs réalistes.

LE COUP LE PLUS SPECTACULAIRE JAMAIS JOUÉ

Les bunkers de fairway font couler beaucoup d'encre. En fait, l'un des plus beaux coups jamais joués fut à partir de l'un d'eux. Au dernier trou du Masters, en 1988, l'Écossais Sandy Lyle – sans doute un des joueurs les plus talentueux à avoir participé à ce tournoi – avait besoin d'un birdie (trou réalisé en un coup au-dessous du par). Le coup était extrêmement délicat – long, ascendant, avec un green en forme de patinoire. Sandy se trouvait alors dans le bunker de fairway gauche. Réussir un simple par aurait déjà été un exploit. Mais la balle inspira l'Écossais, qui mit toute son énergie à envoyer avec son fer 7 la balle à 3 m du drapeau, d'où il marqua et remporta le titre. Un pur instant de magie.

Gérer les coups les plus durs

Comme si un bunker ne suffisait pas, vous allez découvrir que les dieux du golf ont également mis sur votre chemin des plugees (balles à moitié enterrées), des rebords peu amènes, ou encore de perfides inclinaisons.

Mais plutôt que de maugréer sur votre sort, gardez confiance, bandez vos muscles et sortez-vous de ce mauvais pas avec un coup bien agressif. Les mauvais coups ne sont jamais que momentanés.

LA RÈGLE D'OR DU BUNKER

Quelle que soit la difficulté du coup à jouer, même si vous manquez d'assurance ou vous sentez dépité, concentrez-vous sur l'objectif principal : sortir du bunker en un seul coup. Vous enverrez peut-être la balle très loin du drapeau, mais au moins, vous l'aurez remise en jeu ; du reste, grâce à un long putt ou un chip, vous pourrez réussir à marquer.

Premiers secours et traitement à long terme

REMÈDES	VOIR PAGE
● Dégager une balle enterrée	p. 103
● Gérer les rebords de bunker	p. 103

Pourtant, les joueurs ne s'exercent jamais à libérer un plugee, pas plus qu'ils ne s'entraînent à gérer des coups dans le rough ou des balles difficiles sur le fairway.

Enterrez une douzaine de balles et essayez de les dégager. Vous serez surpris de la consistance du vol et de la réaction de la balle, et pourrez peut-être même développer votre propre technique d'évasion.

Dans un bunker, les balles enterrées sont des obstacles supplémentaires ; mais grâce à une bonne technique et un bref entraînement, vous en viendrez à bout.

Contrôle des distances depuis le rough

La plupart des parcours possèdent deux types de roughs : ceux de première coupe et ceux de seconde coupe. Les premiers sont supportables et à privilégier pour les joueurs à handicap, car la balle atterrit sur un coussin d'herbe.

Les seconds roughs sont plus difficiles. Les joueurs robustes y seront à leur avantage, car ils réussiront à envoyer leur balle à travers la végétation. Mais s'échapper de ces pièges est une chose, contrôler son évasion en est une autre.

Premiers secours et traitement à long terme

REMÈDES	VOIR PAGE
● Plus de contrôle depuis le rough	p. 104
● La sécurité avant tout	p. 104

Le contrôle du jeu dans le rough est au mieux aléatoire, mais avec un peu d'entraînement et d'expérience, vous parviendrez à anticiper les réactions de la balle.

Acquérir de la précision

La végétation du rough peut être telle qu'il devient très difficile de deviner l'endroit où la balle va atterrir une fois que vous l'aurez frappée.

Cependant, quelle que soit la difficulté du coup, le concours de la chance est toujours le bienvenu. Mark Calcavecchia, vainqueur de l'Open 1989, en sait quelque chose. Durant la dernière manche au Royal Troon, il s'est retrouvé dans une position délicate, au-dessus du green, avec du sable entre lui et le trou. Vous imaginez sans peine la pression ; une décélération à l'arrière de la balle entraîna un top, et le joueur observa sa balle voler vers le trou, dans lequel elle s'engouffra, lui octroyant alors un birdie. Et l'Américain remporta le tournoi après un play off (épreuve permettant de départager des joueurs à égalité). Ce jour-là, une bonne fée veillait certainement sur lui.

Premiers secours et traitement à long terme

REMÈDES	VOIR PAGE
● Précision depuis le rough	p. 105
● Consistance sur longues distances	p. 105

Pour sortir des endroits difficiles, votre swing et votre attitude doivent être bien décidés, sinon vous échouerez.

NE COMPLIQUEZ PAS LES CHOSES

En situation difficile, que vous soyez pris dans des arbres, un rough épais ou un méchant bunker, répétez-vous : « Je ne dois pas dépasser le bogey. » Si vous devez effectuer un chip latéral pour ensuite atteindre le green, faites-le. Prenez vos médicaments, prenez votre bogey, et n'essayez pas de jouer au fanfaron, car vous tomberiez de haut.

Problèmes de bunker

Il est toujours délicat de jouer sur le sable. Heureusement, au contraire du swing standard qu'un long entraînement peut seul améliorer, une modification de votre technique de bunker générera d'emblée une nette différence. Si vous peinez à vous dégager du sable, commencez par vérifier que vous êtes correctement placé.

Remèdes instantanés

Assurez-vous de la correction de votre adresse :

? Où positionnez-vous la balle ?
Pour un coup de bunker de green, la balle doit se trouver à l'opposé de votre talon gauche, c'est-à-dire à l'avant de votre stance.

? Comment acquérir un bon alignement ?
Alignez-vous à gauche de la cible, afin de permettre un meilleur vol de la balle.

? Que dois-je faire de mes pieds ?
Piétinez le sol pour vous enfoncer de quelques centimètres et obtenir une base solide ; vous sentirez également mieux le sable et raccourcirez votre arc de swing, facilitant alors le dégagement de la balle.

? Quel grip adopter ?
Avant de prendre prise, ouvrez la face du club. Certains joueurs ouvrent la face du club pour leur coup mais imposent d'abord leur grip et pivotent ensuite leurs poignets pour l'ouvrir. Leur prise – trop forte – entraîne alors une gratte.

OUVREZ LA FACE DU CLUB AVANT D'ADOPTER VOTRE GRIP

Essayez ce petit exercice :

1 Tenez le sand-wedge devant vous avec la main droite, de manière à ce qu'il soit bien droit.

2 Pivotez le grip sur la droite avec vos doigts, afin que seule la face du club s'ouvre.

3 Ajoutez votre main gauche pour seconder votre main droite et retrouver un grip normal.

Si vous avez travaillé votre placement, pensez qu'il est correct, mais ne parvenez toujours pas à vous dégager des bunkers du premier coup, votre swing peut être le maillon faible.

Remèdes instantanés

Un swing correct

Une fois votre placement corrigé, vous ne devez pas diriger votre swing directement vers la cible. Si vous le faites, vous pouvez renvoyer la balle dans le sable ou encore – si l'impact est bon – la faire atterrir à droite de la cible. Votre swing devrait s'effectuer parallèlement à vos pieds. Le club, face ouverte, doit glisser sous la balle et la propulser doucement sur le green.

UN CLUB UNIQUE

Vous devez impérativement utiliser votre sand-wedge pour sortir des bunkers, car, au contraire des autres fers courts de votre sac, il est spécialement conçu à cet usage. Les lames des fers normaux sont en effet bien différentes. Les sand-wedges possèdent un bord d'attaque arrondi, plus haut que la base de la tête du club. Ainsi, le club peut « rebondir », dégageant alors doucement la balle de son coussin de sable.

Accélération à l'impact

Une hésitation dans le swing, générant une décélération au moment de l'impact, est à l'origine des problèmes de dégagement des bunkers.

Concentrez-vous sur l'envergure de votre swing. Prévoyez une montée aux trois quarts et assurez-vous que la portée de votre traversée lui est égale. Ainsi, vous accélérerez plus facilement au moment de l'impact.

Visez à gauche de la cible en gardant la face de club ouverte et la balle à l'avant de votre stance.

Effectuez une montée aux trois quarts, et prévoyez une traversée égale.

Accélérez à l'impact pour être sûr de vous échapper du sable.

Aucun contrôle des distances

Le contrôle des bunkers est intimement lié à la pratique et à la technique. La plupart des joueurs perdent le contrôle lorsqu'ils sont trop crispés à l'adresse. Vous devriez également éviter de monter le club derrière vous, car vous refermez alors la face du club, ce qui entraîne une inconsistance du mouvement.

Remèdes instantanés

Posture trop rigide

Une posture trop raide à l'adresse est problématique et vous offre peu de contrôle. La tension vous incite à gratter la balle et non à la balayer, d'où les inconsistances de frappe. Mais voici le remède :

1 À l'adresse, fléchissez les genoux.

2 Des genoux tendus entraînent une lourdeur du haut du corps, aussi abaissez votre centre de gravité en les fléchissant pour redresser votre poitrine.

3 Si vos bras se relâchent, replacez-les correctement en relevant la poitrine.

Un swing trop abrupt

Pour éviter les swings trop abrupts, il est important de pas monter votre sand-wedge derrière vous. Observez cette directive : garder les mains devant tout au long du swing. Cette stratégie vous empêchera de creuser le sol.

À l'adresse, fléchissez les genoux pour ne pas vous pencher sur la balle.

Gardez le dos droit durant le swing, et n'affaissez pas le buste.

Maintenez les mains devant vous tout au long du swing.

Balles déviées à droite ou à gauche

Si vous vous échappez régulièrement des bunkers mais déviez souvent vos coups, vous devez travailler votre précision. Un mauvais alignement peut entraîner ces imprécisions.

UN GRIP PLUS BAS POUR LES COUPS DE BUNKER

Un grip plus bas sur le manche vous offre un meilleur contrôle sur la tête du club et un meilleur ressenti général. Il est plus difficile de manger en tenant ses couverts par le haut du manche que par le bas – ce principe prévaut aussi pour un club de golf ; donc vous gagnerez en contrôle si vous rapprochez votre prise de la base du club.

Remèdes instantanés

Coup dévié à droite

Dans un bunker, la position de départ correcte impose une face de club perpendiculaire à la cible et un stance ouvert (aligné à gauche). Il est très facile de trop ouvrir la face du club, aussi, vérifiez bien qu'elle est perpendiculaire à la cible. Si vous alignez vos pieds à gauche de la cible, vous devez également aligner vos épaules à gauche. Il est tentant de ramener les épaules en arrière, et les garder droites. Dans ce cas, votre swing suivra la ligne de vos épaules, directement vers la cible, mais la face du club ouverte poussera la balle à droite. Par conséquent, veillez à vous aligner à gauche de la cible, en conservant les genoux et les pieds pointés dans cette direction

Coup dévié à gauche

La déviation d'une balle à gauche depuis un bunker provient d'une fermeture de la face de club à l'impact. Ce phénomène peut être dû à des mains trop présentes au moment du coup. Pour en venir à bout, concentrez-vous sur le dos de votre main gauche. Il doit être dirigé vers le ciel tout au long du mouvement, du début à la fin.

Gardez les épaules, les genoux et les pieds alignés à gauche de la cible, mais maintenez le club perpendiculaire.

Gardez bien le dos de la main toujours dirigé vers le haut.

Distance depuis les bunkers de fairway

Le problème le plus fréquent sur un bunker de fairway est de ne pas envoyer la balle suffisamment loin. La technique employée sur un bunker n'est pas exceptionnelle, mais il est toujours un peu délicat de frapper loin depuis un fairway sablonneux. En effet, le sable ralentit la tête de club. Lorsque vous frappez la balle naturellement, emportant au passage l'équivalent d'un divot de sable, l'énergie est insufflée dans le sol et non sur la balle, d'où un coup plutôt faible.

Le choix du club à utiliser dans un bunker de fairway dépend de deux éléments : votre éloignement du green et la hauteur des rebords du bunker. Prévoyez un club supplémentaire – ou plus long – par rapport à ceux que vous utiliseriez pour une distance équivalente sur la piste. Vous devez être certain d'avoir un loft de club suffisant pour franchir les rebords du bunker. Votre priorité doit toujours être de vous dégager du sable en un seul coup.

BUNKER DE FAIRWAY : MISE EN GARDE

Prenez quelques précautions :

1 Prévoyez un club disposant d'un loft suffisant pour franchir les rebords.
2 Ne piétinez jamais le sable.
3 Placez la balle en retrait dans votre stance.
4 Abaissez votre grip sur le club.
5 Le motto à retenir : plutôt un top qu'une gratte.

Remède instantané

Le conseil le plus utile
Sur les bunkers de fairway, resserrez votre grip. Essayez de frapper la balle sans heurter le sol. En agrippant fermement le club, vous contractez les muscles des bras. Par conséquent, votre swing se raccourcit et il devient alors quasi impossible d'emporter un divot de sable.

À l'adresse, resserrez votre prise.

Un grip ferme raccourcira votre arc de swing.

Avec un grip correct, vous éviterez les balles grattées.

Votre swing doit rester plein, franc et complet.

Les coups problématiques

Se dégager du sable n'est rien qu'une simple évasion. Dans les situations délicates, votre unique souci est de sortir du piège – à moins d'être Ernie Els et de marquer par miracle.

PETITS CONSEILS

À l'adresse, avant de frapper la balle, ne posez pas la tête du club au sol. Si vous touchez le sable avant votre montée, vous récolterez un point de pénalité. Si vous jouez sur une descente, il est très facile de frôler la balle lors de la montée, aussi restez vigilant.

Remèdes instantanés

Dégager un plugee

Lorsqu'une balle est enterrée dans le sable, vous devez régler le problème sans tarder.

1 Remplacez le sand-wedge par un pitching-wedge. Mettez-vous à l'adresse, parallèle à la trajectoire, et non pas aligné à gauche (ouvert).

2 Reculez la balle dans votre stance, à l'opposé de votre talon droit. Pivotez les poignets dès votre montée.

3 Avec votre swing abrupt, frappez fermement dans le sable, en utilisant le bord d'attaque du club pour atteindre la balle. Ne vous préoccupez pas de votre traversée, votre priorité est avant tout de dégager la balle !

Gérer les rebords

Si lors de votre montée, vous êtes entravé par un rebord, pivotez très tôt vos poignets. Reculez la balle dans votre stance et frappez-la abruptement par l'arrière.

Si vous faites face au rebord, avancez la balle dans votre stance et reportez votre poids à droite. Utilisez aussi le club au loft le plus conséquent.

N'hésitez pas à effectuer un chip latéral pour vous sortir d'affaire.

Il s'agit là d'un des coups les plus difficiles à jouer.

Maintenez un équilibre parfait durant le swing.

Frappez la balle de toutes vos forces.

Ne vous préoccupez pas de votre traversée.

Pas de contrôle depuis le rough

De nombreux joueurs à handicap moyen et lourd apprécient les roughs, où la balle est surélevée, facilitant ainsi leurs coups ; néanmoins, le contrôle des distances reste aléatoire. En outre, vous pouvez entraver l'envol quand la face du club ramasse de l'herbe sur son passage. Autrement dit, les rainures du club ne peuvent pas fournir à la balle une rotation normale. Or, sans rotation, non seulement la balle continue son chemin même une fois au sol, mais elle fuse littéralement, risquant de dépasser la cible et vous causer du tracas.

Remède instantané

Gérer les vols incontrôlables

Le meilleur moyen de gérer un vol incontrôlable est de prendre un club plus faible que prévu. Et s'il y a du vent ou si le parcours est très rapide, prenez deux clubs de moins. En effet, la balle risque de dépasser allégrement la cible.

Attention à ces vols intempestifs en cas de problèmes à l'arrière du green. Cependant, mieux vaut un tir trop court – donc ne prenez pas le risque de viser le drapeau.

Maintenant, ces vols un peu incontrôlables peuvent être précieux si vous vous trouvez très loin du green ; donc, pesez bien le pour et le contre.

L'incontrôlable survient lorsque de l'herbe se glisse entre le club et la balle, empêchant tout mouvement de rotation.

D'UN ROUGH À UN AUTRE

Si vous ne parvenez jamais à vous dégager des roughs, vous avez quelques soucis de gestion du jeu. En cas de balle difficile, ne tentez pas un coup impossible simplement parce que vous avez vu Seve Ballesteros en réussir un en 1979 à l'Open Championship de Birkdale. Ramenez plutôt votre balle sur le fairway pour avoir une chance de sauver votre par et n'être pénalisé que d'un point.

Manque de précision depuis le rough

Lorsque vous cherchez à fuir la jungle, il est souvent difficile de savoir comment la balle va réagir. D'ailleurs, certains coups frappés depuis des obstacles moins fournis dévient souvent à gauche de la cible, surtout si votre swing ou votre jeu général n'est pas d'une puissance fulgurante.

BREF RAPPEL

En situation difficile, pensez bien à reculer la balle dans votre stance – rapprochée de votre pied droit. Votre swing gagnera ainsi en raideur, vous permettant de frapper le talon de la balle et donc de la dégager.

Remèdes instantanés

Stratégie des biceps

Avant l'impact, la tête du club peut se prendre dans l'herbe et bifurquer alors sur la gauche, hors trajectoire. Pour compenser cela :

1 À l'adresse, ouvrez la face du club pour permettre une rotation de la tête.

2 Resserrez votre grip avec la main gauche.

3 Visez à droite de la cible.

4 Renforcez la puissance de votre swing.

Rough épais

1 Utilisez votre club le plus ouvert – la balle doit s'envoler le plus vite possible. Rapprochez la balle de votre pied droit.

2 À l'adresse, reportez un peu plus votre poids sur la gauche pour rendre votre swing plus abrupt.

3 Frappez fermement l'arrière de la balle et ne vous préoccupez pas de l'élégance.

Reculez la balle dans votre stance, près du pied droit.

Frappez de toutes vos forces à l'arrière de la balle.

Ne vous préoccupez pas de l'élégance, contentez-vous de vous dégager.

De l'assurance dans les bunkers

Dès que vous aurez confiance dans votre technique et votre capacité à vous dégager des obstacles, votre jeu s'améliorera rapidement. Lors du prochain entraînement, essayez un de ces quatre exercices pour renforcer votre assurance sur le sable.

Remèdes instantanés

Un placement correct

Technique pour un bon positionnement :

1 Tracez dans le sable un cercle d'un rayon de 30 cm autour de la balle.

2 Placez-vous à l'adresse de sorte que la bordure du cercle soit proche de la pointe de vos pieds.

3 Ouvrez la face du club pour renforcer son loft. Elle doit alors pointer vers la droite.

4 Marchez à contresens autour du cercle jusqu'à ce que la tête du club soit perpendiculaire.

5 À présent, adoptez un grip normal. Voilà, votre position est parfaite.

Le jeu de la ligne

Pour dégager une balle d'un bunker sablonneux, vous devez frapper le sable au moins 5 cm derrière la balle. Pour acquérir de l'assurance et frapper le sable à l'endroit souhaité, mettez-vous à l'adresse et tracez une ligne dans le sol avec vos doigts. Exercez-vous à frapper le sable sans poser de balle. Vous gagnerez en assurance et aussi en contrôle.

Dans ces coups de bunker, l'important est de viser le sable au moins 5 cm derrière la balle lors de votre montée. Quand vous jouerez, ignorez totalement la balle et regardez le sable.

Positionnez-vous convenablement en traçant un cercle dans le sable.

Déplacez-vous autour du cercle en gardant la face du club perpendiculaire. Exercez-vous avec une ligne tracée dans le sable.

Tracez un cercle d'un rayon de 5 cm autour de la balle.

Pour améliorer votre jeu dans le sable, entraînez-vous à frapper le cercle sans toucher la balle.

Cercles dans le sable

Apprenez à frapper le sable au bon endroit en traçant un cercle d'un rayon de 5 cm autour de la balle. Au lieu de frapper directement la balle, balayez-la en passant par le petit cercle. Vous découvrirez vite comment la balle s'échappe du piège, et votre swing gagnera en assurance, le tout ayant un impact positif sur votre jeu.

Exercice de bunker de fairway

Pour apprendre comment dégager sans bavure votre balle d'un bunker de fairway (où mieux vaut un top qu'une gratte !), essayez ce petit exercice :

1 Choisissez un bunker avec un petit rebord et une bonne couverture sablonneuse.

2 Alignez devant vous quelques balles sur le sable.

3 Mettez-vous à l'adresse devant la première et frappez-la avec un swing complet.

4 Observez la marque que vous avez laissée sur le sable : si elle est conséquente, vous avez gratté la balle.

5 Continuez à frapper les balles sans vous préoccuper de la cible. L'objectif est de réduire au maximum les marques laissées sur le sol.

6 Pour un meilleur contact, reculez la balle dans votre stance, abaissez votre prise sur le club ou resserrez votre grip.

GESTION DU JEU

Quel que soit leur niveau, tous les joueurs ont un point en commun : le stress du premier trou. Angoisse qui vous paralyse et vous retourne l'estomac lorsque vous êtes sur la ligne de départ.

Le stress du premier trou n'épargne personne, et ce, quel que soit le niveau ou l'événement.

Le premier trou

La nervosité peut vous envahir à cause d'un premier trou particulièrement intimidant ou de quelques joueurs qui attendent avec impatience que vous frappiez votre coup. Mais qu'importe la raison ; ce stress est très pénible à vivre, certes, mais vous devez apprendre à le maîtriser et à l'utiliser à votre avantage, sans le laisser vous détruire.

La nervosité fait partie du sport, et ce, que vous disputiez un match bon enfant ou un tournoi professionnel aux côtés de Nick Faldo. Néanmoins, si cela peut vous consoler, sachez que le stress n'épargne personne. Tous les grands joueurs avouent ressentir cette inquiétude au moment du départ, indépendamment de l'événement et du jeu.

En fait, s'ils n'éprouvent aucune nervosité avant un match, la plupart des professionnels s'inquiètent. Et pour cause : le stress stimule l'esprit, conditionne le corps et fait circuler le sang. Or, un sportif trop placide n'est qu'une enveloppe vide. Donc, plutôt que de le craindre, composez avec le stress du premier trou : et puis, après tout, quelle est la pire chose qui puisse arriver ?

Premiers secours et traitement à long terme

REMÈDES	VOIR PAGE
● Gérer le stress du premier trou	p. 112
● Canaliser la nervosité	p. 118

Gérer les vicissitudes du golf

Pas de bon score sans une bonne gestion des hauts et des bas de la partie.

Il est très frustrant de faire bogey sur bogey – une manche parfaite s'obscurcit soudain de deux ou trois coups perdus à la suite. Votre score ressemble à une véritable débâcle qui se termine dans un champ de bogeys et double bogeys.

DE L'ORGANISATION

Un bon comportement sur le terrain ne se limite pas à l'observation des règles et de l'étiquette – il englobe aussi votre attitude interne. Les professionnels vous diront tous que les joueurs à handicap moyen peuvent économiser cinq coups par manche sans même toucher à leur swing, simplement en améliorant la gestion de leur jeu, c'est-à-dire la sélection de leurs coups, l'organisation de la manche et la conduite générale sur le terrain.

Il est aussi important de gérer les coups durs que les balles réussies. Vous pouvez débuter directement sur un birdie, puis poursuivre par une seconde marque au quatrième coup – vous pensez alors aux lauriers. Or, vous pouvez enchaîner sur une manche médiocre et accumuler les fautes, car vous n'avez pas su gérer vos succès. Voici quelques conseils pour bien rester dans le jeu et achever votre partie en beauté.

Premiers secours et traitement à long terme

Mauvais début et piètre fin

On entend souvent des joueurs expliquer : « Si je n'avais pas pris un si mauvais départ, j'aurais battu mes records », ou « Pourtant, avant le 16e trou, mon score était excellent. »

Le début et la fin d'une manche sont déterminants. Le premier trou va donner le ton de la journée. Si vous commencez par un double bogey, la bataille s'annonce rude ; si vous réussissez un birdie, tout se présente sous les meilleurs auspices. N'oubliez pas de poursuivre vos efforts jusqu'à la dernière étape – il est très facile de se relâcher mentalement et physiquement et rater des balles cruciales.

Premiers secours et traitement à long terme

REMÈDES	VOIR PAGE
● Mauvais départ	p. 115
● Piètre conclusion	p. 116

Pour un score convenable, le début et la fin de votre parcours doivent être de bonne facture.

Gérer l'environnement

Les conditions sur un terrain de golf sont rarement parfaites. Il y a toujours un élément pour taquiner la balle, que ce soit le vent, la pluie ou le soleil. En fait, il est exceptionnel de jouer un jour totalement calme.

Et, bien entendu, les imperfections climatiques rendent le golf encore plus difficile. Pourtant, jouer par temps humide, chaud ou froid fait partie des contingences de cette discipline. La gestion de ces facteurs tient avant tout à une bonne préparation.

Premiers secours et traitement à long terme

REMÈDES	VOIR PAGE
● Gérer l'humidité	p. 117
● Conditions extrêmes	p. 117

Vous devez apprendre à gérer la chaleur comme le vent.

En conquérant les rigueurs climatiques, vous pourrez jouer au golf toute l'année.

Gérer le stress du premier trou

Le stress du premier trou est une bonne chose. Il améliore votre jeu, vous stimule et vous donne de l'énergie. En revanche, vous ne profiterez vraiment de ces avantages qu'à condition de canaliser cette nervosité et de vous entraîner suffisamment en amont.

Remèdes instantanés

Le club fétiche

Lorsque le stress frappe, mettez toutes les chances de votre côté et utilisez votre club préféré. Ce peut-être un fer 5 avec lequel vous enverrez la balle à 165 m ; mais n'oubliez pas, mieux vaut cela à du surplace avec un autre club. Vous serez éventuellement en retard sur votre partenaire, mais éviterez les gros impairs.

Trouvez votre rythme

La qualité d'un putt dépend avant tout du rythme. Donc, avant le départ, échauffez-vous pendant cinq minutes. Vous trouverez alors votre rythme de la journée. Inutile d'être trop technique ; effectuez simplement quelques putts jusqu'à ce que vous vous sentiez à l'aise et détendu.

Le réflexe de l'assurance

Il est possible de se rassurer en adoptant un langage corporel positif et décidé. Quel que soit le degré de nervosité, dirigez-vous vers le premier trou la poitrine bien bombée, la tête haute, le dos droit et le visage déterminé et confiant. Vous allez rapidement éprouver ce que vous dégagez – ce qui ne manquera pas d'affecter aussi vos adversaires.

Ne vous dirigez pas vers le premier trou avec la tête basse et les épaules complètement relâchées. Si vous souhaitez gagner en assurance et paraître sûr de vous, marchez la tête haute et redressez-vous.

Bogeys sur bogeys

Si vous enchaînez inlassablement les bogeys et accumulez les mauvais points, vous devez prendre un peu de temps avant le départ et adopter une stratégie de jeu.

Remède instantané

Six parcours en un seul
Une bonne tactique consiste à fractionner la partie en six étapes de trois trous chacune. Envisagez ensuite chaque mini-parcours individuellement et définissez le score que vous souhaiteriez atteindre. Si vous comptez déjà plusieurs coups au-dessus du par à votre actif, n'y pensez plus et concentrez-vous sur le mini-parcours suivant. Prenez un nouveau départ, avec l'esprit libre, car après tout, vous n'avez encore rien raté sur cette étape. Vous constaterez alors que vous rattraperez vos points de retard.

Suivez un petit drill avant de débuter votre « nouveau parcours ». Fermez les yeux, comptez jusqu'à vingt et choisissez mentalement vos vêtements du lendemain. Ouvrez vos yeux et commencez votre nouvelle étape, sans une pensée pour la précédente.

LE TIGRE BONDISSANT

Tiger Woods est l'exemple du joueur qui ne se laisse pas impressionner par un mauvais coup. D'après les statistiques, il est un des golfeurs qui rebondit le mieux en championnat. Ces statistiques montrent par exemple la fréquence des birdies à la suite d'un bogey. Et le taux de réussite de Wood est impressionnant. Vous aussi, améliorez votre « rebond » en oubliant les coups ratés et en vous concentrant sur le jeu actuel.

En fractionnant la partie en petites étapes gérables, vous rebondirez plus facilement et manquerez moins de coups.

Gérer les hauts et les bas

Il est très facile d'enchaîner les échecs, et tout autant de mal jouer après avoir excellé. Si vos parties sont rythmées par des hauts et des bas, vous devez repenser votre approche.

Remède instantané

Gardez la tête froide

De même qu'il ne faut jamais se décourager pour un mauvais coup, il est désastreux de trop se réjouir d'un bon. Si vous réussissez un long putt ou une balle difficile, ne vous attardez pas sur cet exploit et concentrez-vous sur votre prochain coup. Pour rester consistant, il faut maîtriser ses émotions et ne pas relâcher son attention. Après le match, vous aurez tout le temps de revivre et commenter vos prouesses.

Prenez exemple sur Howard Clarke durant la Ryder Cup de 1995 à Oak Hill, compétition de golf la plus prisée qui soit. Dans sa rencontre cruciale face à Peter Jacobsen, Clarke réussit un joli coup de départ sur un par 3. La foule s'enflamma, les caddies s'enthousiasmèrent et les commentateurs s'extasièrent. Mais Clarke se contenta de ramasser calmement son tee et se dirigea imperturbable vers le green, célébrant son coup en respirant profondément et en faisant un petit geste de la main. Il remporta le titre avec son coup suivant.

Gardez votre calme quand les choses vont mal, mais aussi gardez la tête froide devant les jolis coups, en tout cas jusqu'à l'issue du match.

Gérez un seul coup à la fois, et ne vous emballez pas.

Un bon score s'obtient en contrôlant ses émotions dans tous les cas.

Après un joli coup, passez à la suite et concentrez-vous sur la prochaine balle.

Départ médiocre

Le premier trou donne le ton de la partie. Votre jeu gagnera en qualité si vous vous sentez sûr de vous et jouez sans précipitation. Mais avant tout, une bonne préparation reste indispensable.

Remèdes instantanés

Jouez le premier trou avant le premier trou
Pour atténuer le stress du premier trou, prévoyez du temps pour vous échauffer. Il ne s'agit pas de travailler votre jeu mais de frapper quelques balles pour relâcher vos muscles et stimuler votre esprit.

Le meilleur échauffement consiste à jouer le premier trou dans votre tête au moins trois fois. Si vous utilisez un driver sur le terrain, utilisez-en un durant votre échauffement.

Si après un bon départ, vous choisissez un fer 8, exercez-vous avec un fer 8. Alternez : avant chaque match, échauffez-vous en utilisant un driver puis un fer 8. Ainsi, dès le premier trou, vous aurez l'impression d'être déjà au septième, et votre nervosité aura disparu.

Un échauffement correct du début à la fin
Pour conclure votre échauffement, frappez quelques wedges pour sentir le rythme et le tempo de vos swings, ainsi que l'impact porté par le club.

Sur le green de practice, prenez 30 secondes pour réussir trois ou quatre putts de suite. Ces petits succès vous insuffleront de bonnes ondes avant de commencer votre match. Un échauffement qui se termine sur une note positive se traduit par un début de match positif.

Un échauffement efficace – pas nécessairement long – vous fera économiser de nombreux coups.

Piètre conclusion

Il est très frustrant de terminer sur un échec. Si vous obtenez un score décent durant les 16 premiers trous, mais ratez lamentablement les 17 et 18e, l'amertume vous gagnera. Les derniers coups d'un match sont essentiels et ne doivent jamais être pris à la légère.

Prenez sur vous et ne vous déconcentrez pas au 17e trou, car trop de scores s'écroulent à cause des derniers trous.

Remède instantané

Conclure en beauté

Les derniers trous comptent parmi les instants cruciaux d'une rencontre, car ils vont décider du score final. Il y a trois éléments à gérer à l'approche des 17e et 18e trous : l'épuisement physique et le manque d'énergie ; la fatigue mentale et le manque de concentration ; et le « syndrome de Perrette » où le joueur s'imagine déjà au bar devant une boisson chaude.

Renforcez votre condition physique en marchant et faisant du sport régulièrement, mais également en mangeant et buvant au cours de la partie. Veillez à boire suffisamment et à consommer des aliments énergétiques, comme des bananes.

La partie ne s'arrête pas au 16e trou. Si vous souhaitez obtenir un bon score, il est primordial d'apprendre à conclure en beauté.

Une bonne condition physique épaulera l'état mental et préviendra toute lassitude psychique. À ce stade de la partie, il est primordial d'observer un bref échauffement. Ne modifiez jamais votre stratégie de jeu. Si vous avez l'habitude d'utiliser un fer 3 au 18e trou, ne l'échangez pas contre un driver en espérant gagner un point. Ce serait perdu d'avance.

À l'issue du 16e trou, accordez-vous cinq secondes de répit. Oubliez tout ce que vous venez de faire et envisagez les deux derniers trous comme s'il s'agissait d'une étape isolée. Ne vérifiez pas votre score. Concentrez-vous sur les coups afin de terminer en professionnel.

Gestion des conditions extrêmes

Au mieux, il est désagréable de jouer sous la pluie, encore que certains joueurs – Paul Lawrie, vainqueur de l'Open 1999, en tête – évoluent avec bonheur dans les pires conditions. En suivant certaines règles, vous aussi pourrez jouer sans problème lorsque le climat fera des siennes.

Par temps humide, il est impératif de garder les grips des clubs bien au sec. En effet, s'ils restent secs, votre swing souffrira moins. Prévoyez également un club supplémentaire pour la plupart des coups, car le sol sera lourd, et votre swing ne sera pas aussi fluide que d'habitude. Autrement dit, vous perdrez de la distance.

Remèdes instantanés

En cas de pluie

1 Portez des vêtements imperméables.

2 Veillez à ce que vos chaussures soient aussi imperméables, car il n'y a rien de pire que des chaussettes mouillées.

3 Abritez-vous sous un parapluie quand vous ne jouez pas.

4 Placez un capuchon sur votre sac pour garder les clubs au sec.

5 Prévoyez quelques serviettes dans votre sac.

Gérer les écarts de température

Jouer par temps chaud ou froid reste problématique, les deux extrêmes étant tout aussi difficiles à gérer. Quelques précautions vous éviteront migraine et balles perdues.

Qu'il fasse chaud ou froid, n'oubliez pas de mettre un chapeau. Par temps froid, il vous permettra de rester plus au chaud. Il vous protégera également du soleil – un terrain de golf est exposé à un soleil implacable. Préférez un fin bonnet en laine quand il fait froid, et un chapeau léger quand il fait chaud.

Par grande chaleur, la balle voyage plus loin et atteint plus facilement le green si celui-ci est dur et rapide ; donc, tenez-en compte dans le choix de votre club. Vous constaterez en revanche que par temps froid, la portée de la balle se réduit – les participants au Drambuie Ice Golf Championship au Groenland en savent quelque chose. Donc, prévoyez un club supplémentaire pour affronter le froid.

Soyez raisonnable sur votre tenue. Habillez-vous pour rester à l'aise tout au long de la partie. Un corps sans entrave effectuera un meilleur swing.

Une bonne préparation en amont est indispensable pour gérer les rigueurs climatiques.

Avantages du stress du premier trou

Le stress du premier trou peut être handicapant, mais cette énergie peut aussi profiter à votre jeu. Les plus grands sportifs disent souvent qu'ils jouent mieux lorsqu'ils sont un peu nerveux, car leurs sens sont alors stimulés. Servez-vous de l'adrénaline du premier trou pour acquérir assurance et optimisme. Voici quatre principes pour vous aider à canaliser ces énergies dans la bonne direction.

Pas de précipitation

Prenez tout votre temps avant de frapper votre premier trou. Utilisez ces premiers instants pour échauffer vos muscles et vérifier également que vous avez bien tout le nécessaire au départ : balle, tee, marqueur, crayon, et autres accessoires de votre choix. Vérifiez toujours votre sac et remplacez les articles manquants après chaque rencontre – et non avant – de manière à toujours être préparé pour la partie suivante.

Une préparation consciencieuse

Au moment du départ, ralentissez sciemment vos mouvements. Le stress ayant tendance à tout accélérer, accordez-vous quelques secondes supplémentaires pour vous préparer au premier trou.

De la décontraction dans l'action

Relâchez la pression de votre main gauche sur le grip. La nervosité contracte les muscles, restreignant alors la fluidité de votre swing. En allégeant votre prise, vous réduisez les tensions et vous préparez à un mouvement plus souple.

De la concentration avant tout

Analysez soigneusement le premier trou. Au moment du départ, ne pensez à rien sinon au moyen de réussir votre coup. Ne prêtez aucune attention aux autres joueurs. Il s'agit de votre balle, de votre coup et de votre jeu – vous savez comment réussir à marquer, alors suivez votre plan et restez positif.

Rien n'est plus déstabilisant que de précipiter son départ – prenez donc votre temps.

Pour bien gérer le stress du départ, vous devez déjà avoir une bonne stratégie de jeu pour ce premier trou.

Une gestion efficace

Une bonne gestion de jeu vous économisera au moins cinq coups par partie. Sans entraînement, leçons ou échauffement particuliers, vous sauverez cinq coups. Voici deux règles qui rendront de précieux services aux golfeurs à lourd handicap.

PRENEZ EXEMPLE SUR JACK

Jack Nicklaus était le roi de la gestion de jeu. On disait même que lorsque ses balles étaient médiocres, ses coups d'origine étaient pourtant impeccables. Sa stratégie faisait des envieux. Et pourtant, il n'atteignait pas toujours le drapeau et il n'utilisait pas non plus son driver à chaque départ – il jouait simplement le coup qui lui rapporterait le plus de points.

Le sept sur dix

En situation difficile, par exemple coincé dans un arbre ou un rough épais, lorsque vous percevez la possibilité d'accomplir un exploit, réfléchissez à votre pourcentage de réussite sur une échelle de dix. Si vous obtenez moins de sept, n'essayez même pas. Un golf au pourcentage peut donner d'excellents résultats.

Les 150 m magiques

Lorsqu'il s'agit de dégager une balle, ne tentez pas à tout prix de la rapprocher au maximum du green, surtout si vous risquez gros. Préférez plutôt vous rapprocher des 150 m magiques qui vous conduiront au fairway. Car une fois là-bas, tout sera alors possible. Il est parfois plus facile de marquer à 100 m qu'à 45, notamment si l'angle est perfide.

Au contraire des coups d'esbroufe, un chip latéral vous économisera bien plus de points.

Si vous pensez avoir sept chances sur dix de réussir votre coup, n'hésitez pas.

ENTRAÎNEMENT ET ÉQUIPEMENT

L'entraînement

Les golfeurs amateurs se précipitent souvent sur le terrain d'entraînement, après avoir acheté une centaine de balles qu'ils jouent en un rien de temps. Ensuite, ils se plaignent de ne pas progresser, et ce malgré le temps et l'argent dépensés.

Premiers secours et traitement à long terme

REMÈDES	VOIR PAGE
● Optimiser l'entraînement	p. 122
● Travailler ses points faibles	p. 123

Pour un entraînement efficace, vous devez privilégier la qualité et non la quantité. Même s'il est peu probable que les amateurs passent des heures à perfectionner leur jeu, certains principes de base peuvent avoir un impact non négligeable. Les gens pensent souvent que l'entraînement engendre la perfection – en réalité, il s'agit davantage de consistance. Autrement dit, si vous vous exercez avec un swing défectueux, vos fautes seront plus difficiles à rectifier. D'où l'importance d'un entraînement de qualité.

Un mauvais entraînement nuit autant à votre jeu qu'un swing défectueux. Privilégiez avant tout la qualité.

Les scores préfabriqués

Les fabricants de matériel aimeraient vous faire croire que vous pouvez acheter un bon jeu. Le nouveau driver, la meilleure balle vont automatiquement vous transformer en champion de golf. Même si, à la base, certains arguments sont réels, le message publicitaire, lui, n'est qu'un leurre.

Avant de profiter des nouveautés technologiques, vous devez déjà pouvoir effectuer un swing convenable – de la même façon que vous n'achèteriez pas une Ferrari en passant votre permis de conduire. Cela dit, un bon équipement adapté à votre jeu peut considérablement vous aider à gagner des points.

Premiers secours et traitement à long terme

REMÈDES	VOIR PAGE
● Équipé pour gagner	p. 124
● Le grip en question	p. 125
● Lies	p. 125
● Les manches de clubs	p. 125

ATTENTION À L'EFFET PLACEBO

Avec un nouvel équipement, le jeu semble prendre un nouvel essor. Le golfeur paie (une belle somme) et le voilà transformé en golfeur émérite. Naturellement, l'attrait de la nouveauté s'émousse et les anciennes fautes de swing réapparaissent, entravant le vol des balles – c'est l'effet placebo.

Un nouvel accessoire peut effectivement vous redonner confiance et entraîner une amélioration de votre jeu, mais dès que cette assurance s'étiole, le slice revient au galop. Ne vous laissez pas abuser par quelques jolis coups, une marque ou un prix élevé. Avant de payer, vérifiez que le club que vous voulez acheter vous convient bien.

Un entraînement efficace

L'entraînement des golfeurs amateurs se résume souvent à une succession de balles frappées un peu au hasard, sans la moindre stratégie technique. À la base, ce n'est pas un si mauvais exercice, mais il n'améliorera en rien votre jeu. Suivez plutôt les conseils suivants, grâce auxquels vous optimiserez votre entraînement.

Remèdes instantanés

Vérification de l'alignement

Un mauvais alignement à l'adresse est responsable d'une multitude de fautes. Lorsque vous travaillez votre swing, vérifiez la justesse de votre alignement en plaçant un club au sol, parallèlement à la trajectoire envisagée. Peu importe l'élément du swing travaillé, l'alignement restera toujours primordial.

Choisissez une cible

Plutôt que frapper vos balles au hasard, choisissez une cible. Ce peut-être un panneau à 150 m, un arbre au loin, ou même un élément trivial, comme une figurine de Mickey. En fait, vous devez avoir une cible à chaque frappe de balle. Quand vous jouez, vous visez bien une cible, donc, faites de même pendant votre entraînement.

La qualité vaut mieux que la quantité

Frappez moins de balles mais travaillez davantage votre swing. Avant chaque coup, effectuez votre petit échauffement, de manière à ce qu'il devienne inné. Les golfeurs professionnels ou à faible handicap ont souvent plus de mal à oublier leur échauffement qu'à se le rappeler.

Un entraînement efficace repose sur la qualité ; adoptez une stratégie réfléchie pour tirer le meilleur profit de vos séances.

NON À L'ESBROUFE

De nombreux golfeurs amateurs s'escriment à corriger leur swing quand ils prennent un cours ou lorsqu'un professeur passe par là, leur offrant un ou deux conseils. C'est un peu comme si vous consultiez un médecin parce que vous êtes malade mais faisiez semblant d'aller bien. Soyez franc avec l'instructeur, et vous profiterez pleinement des leçons. Les golfeurs prennent rarement des leçons de petit jeu. C'est dommage, car en une seule session, ils pourraient faire d'énormes progrès.

Travailler les points faibles
Certains golfeurs, qui envoient déjà bien la balle au loin, se contentent de répéter ce mouvement durant leur entraînement. Or, il faut au contraire se concentrer sur les points faibles. Laissez donc chez vous les clubs que vous maîtrisez déjà. Prévoyez une semaine d'entraînement où vous travaillerez chaque aspect de votre jeu.

Travail du putting : 50 % de l'entraînement
Le putter est le club que vous allez le plus utiliser, et pourtant, c'est aussi celui avec lequel vous vous entraînez le moins. Où est la logique ?

JEUX DE MIROIR

Si vous le pouvez, vérifiez votre alignement et votre position devant un miroir. La plupart des problèmes de swing proviennent en effet d'une mauvaise adresse, et un miroir vous éclairera immédiatement sur les points à améliorer. Cet accessoire peut également servir à vérifier certains éléments du swing, comme son envergure, ou vous aider à maintenir un angle correct de la colonne vertébrale.

Un miroir peut être utile pour vérifier la posture, l'alignement et les différentes phases de votre swing.

Allouez autant de temps au perfectionnement d'un putting consistant et positif qu'à celui d'un swing fluide. Il existe des centaines de drills et d'exercices qui rendront l'entraînement ludique, et vaudront bien mieux que des putts frappés au petit bonheur pendant une heure. Il vous faut en effet un objectif. En outre, l'idéal serait de prendre un cours avec un professionnel.

Chacun réagit différemment à l'entraînement. Nous avons tous un seuil de douleur et d'ennui bien défini. Il est impératif de personnaliser votre entraînement, que vous soyez amateur ou chevronné. Vous trouverez des acharnés – Vijay Singh et Padraig Harrington en tête – et des joueurs plus tranquilles. Pour Colin Montgomerie, l'entraînement fait office d'échauffement et de perfectionnement.

En conclusion, adaptez votre entraînement à votre tempérament. Si vous vous exercez sans motivation, arrêtez tout, car les bénéfices seront nuls et vous n'y prendrez aucun plaisir.

Équipé pour gagner

Les golfeurs de haut niveau possèdent des clubs fabriqués spécialement pour eux. Ces clubs peuvent paraître standards, mais en réalité, ils ont été personnalisés et adaptés pour convenir parfaitement au joueur.

Trop de golfeurs amateurs adaptent leur swing à leur équipement, alors que ce devrait être l'inverse. Si vous mesurez 1,95 m, vous aurez du mal à jouer avec des clubs standards, car vous serez alors obligé de vous pencher. Et si vous ne faites qu'1,65 m, ces mêmes clubs risquent de vous arriver aux épaules.

Certains joueurs effectuent un swing agressif, d'autres préfèrent un mouvement plus rythmé. Or les clubs sont fonction des types de swings. Il existe une grande variété de manches, et si vous en choisissez un mal adapté, vous ne parviendrez jamais à obtenir un swing consistant. Demandez à un professionnel d'observer votre swing et de vous conseiller un modèle.

En choisissant un manche adapté à vos besoins, vous améliorerez aussitôt votre score.

L'importance de l'équipement
Quatre éléments du club de golf ont un énorme impact sur le vol de la balle : la tête du club, le grip, l'angle du lie (angle formé par la tête du club et le manche), et le manche.

La tête du club
Deux facteurs affectent sa performance : l'esthétisme et le ressenti. Si l'aspect du club ne vous satisfait pas – trop fin, trop épais, trop carré ou simplement trop laid – votre swing ne gagnera certainement pas en assurance. De même, si au moment de l'impact, la tête du club semble trop lourde ou trop raide, votre swing s'en ressentira. Au moment de sélectionner vos fers ou vos bois, considérez soigneusement ces deux critères, car ils affecteront votre jeu, au contraire des opérations promotionnelles du commerçant.

L'image des gros drivers a évolué : d'accessoires mode, ils sont devenus indispensables dans le jeu moderne. Contrairement à ce que l'on croit, ils n'envoient pas la balle beaucoup plus loin que les drivers traditionnels. S'il y a effectivement un léger gain de distance, leur atout majeur réside dans leur maniabilité. En effet, grâce à la largeur de la face du club, il est plus difficile de manquer le coup que de le réussir.

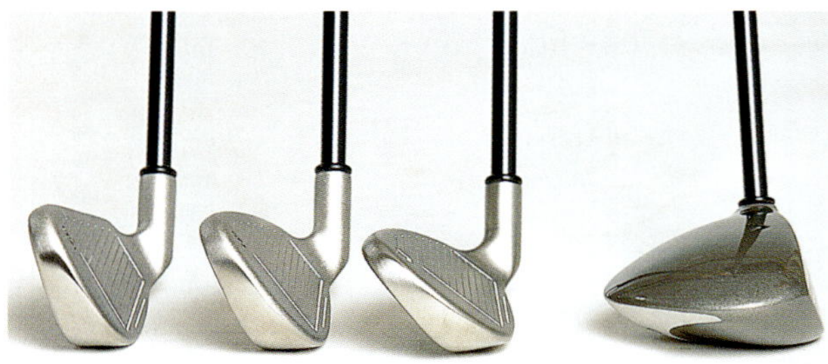

fer 6 **fer 8** **pitching-wedge** **driver**

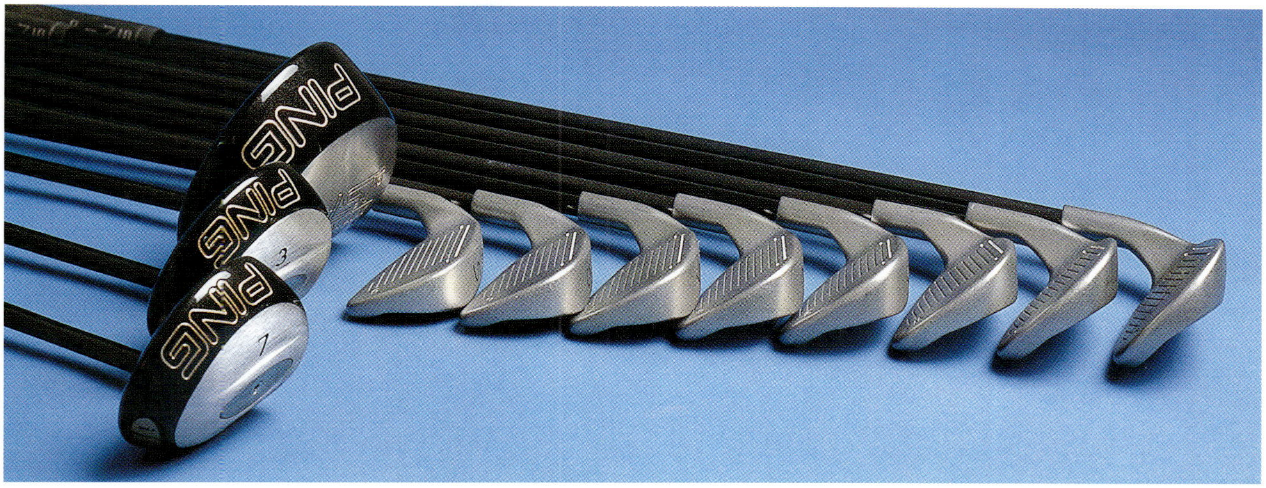

L'équipement moderne rend le jeu plus facile ; donc, profitez des avancées technologiques.

Ainsi, les mauvaises balles, qui ne décolleraient pas avec un driver standard, parcourent directement 250 m. Les slices sont moins prononcés, les hooks plus cléments, et le jeu plus accessible. En conclusion, si vous n'avez pas un de ces nouveaux drivers dans votre sac, vous vous pénalisez.

Le grip

Si le grip est trop fin pour vos mains, celles-ci se feront trop présentes dans votre swing. Vous pouvez alors perdre le contrôle de la tête du club au moment de l'impact et générer d'implacables hooks. Si, au contraire, le grip est trop épais, votre action manuelle sera entravée, entraînant blocages et slices, car vous ne pourrez pas libérer le club à l'impact.

Votre grip est trop fin si les doigts de votre main gauche pressent contre votre paume lorsque vous vous placez à l'adresse. Et il est trop épais s'il y a un espace entre les doigts et la paume de votre main gauche à l'adresse. Avec un grip correct, les doigts de votre main gauche devraient juste effleurer la paume.

Le lie

Lorsque le lie du club est trop raide, le talon du club heurte d'abord le gazon, entraînant alors une fermeture du club à l'impact, et donc une déviation de la balle à gauche. Si le lie est trop plat, l'avant du club frappe le sol et envoie la balle à droite. Le lie du club est trop plat lorsque le talon de la tête du club est en l'air au moment de l'adresse. Il est trop raide si l'avant est relevé – le club devrait reposer sur le sol.

Le manche

Les manches sont les moteurs des clubs. De nombreux professionnels les considèrent même comme les éléments les plus importants. Consultez un professionnel qui vous conseillera un manche adapté à votre swing. Les amateurs choisissent souvent un manche plus rigide que nécessaire ; or, seul le swing des meilleurs golfeurs est suffisamment rapide pour profiter de ces manches. En jouant avec un manche standard, la balle s'envolera plus facilement et vous aurez davantage de contrôle sur elle. Donc, laissez-vous conseiller par un professionnel.

Index

Remerciements

Remerciements de l'auteur

Je remercie du fond du cœur Anna Legge qui m'a nourri, soigné et inspiré à Tidelines. Je tiens à remercier tout particulièrement l'équipe de *Golf Monthly*, ancienne et actuelle, pour la mise en valeur de mon travail.

Remerciements de l'éditeur

Direction éditoriale Trevor Davies
Éditeur Jessica Cowie
Direction artistique Peter Burt, Karen Sawyer
Mise en page Anthony Cohen, Colin Goody
Illustration Axos
Recherche iconographique Jennifer Veall
Fabrication Ian Paton

Crédits photos

Octopus Publishing Group Limited/Mark Newcombe 4-5, 6 g, 6-7, 7 d, 8 g, 8 d, 8 c, 9 g, 9 c, 11 g, 11 d, 12 g, 13 g, 13 d, 15, 16 g, 16 d, 17 d, 20, 21 g, 21 d, 22, 24 g, 24 d, 26, 28 g, 28 d, 28 c, 29 g, 29 d, 29 c, 31 g, 31 d, 33 g, 33 d, 35 g, 35 d, 35 cg, 35 cd, 36 g, 36 d, 36 cg, 36 cd, 37 g, 37 d, 39 h, 39 b, 41 g, 42 g, 42 d, 42 c, 45 d, 47 g, 48 g, 48 d, 49 g, 49 d, 50, 51 g, 51 d, 51 c, 52 g, 52 c, 53 hd, 53 bd, 53 bg, 60, 60 d, 61, 62 d, 62 c, 64 g, 64 c, 65 g, 65 c, 66, 68 h, 68 bd, 68 bg, 69 h, 69 bd, 69 bg, 72 g, 72 d, 74 d, 74 c, 75 g, 77, 78, 79 g, 79 d, 80 hg, 80 bg, 81 g, 81 d, 81 c, 82 h, 82 bd, 82 bg, 83 b, 84 g, 84 d, 85 g, 85 d, 85 c, 87 hd, 87 bg, 88, 89 bd, 89 bc, 92, 93, 94, 97, 98 g, 98 d, 98 c, 99 g, 99 d, 99 c, 103 g, 103 d, 103 cg, 103 cd, 104 d, 104 c, 105 g, 105 d, 105 c, 108, 109 h, 110, 111 d, 113, 114 g, 114 d, 114 c, 115, 118, 119 g, 120, 121, 124 g, 124 d, 125/Nick Walker 2-3, 9 d, 10, 12 d, 17 g, 25 d, 32 g, 32 d, 32 c, 34, 44 g, 44 d, 45 g, 47 d, 52 d, 54, 57 g, 57 d, 57 c, 58 g, 58 d, 59 g, 59 d, 59 c, 70 g, 70 d, 80 hd, 80 cd, 80 bd, 83 hc, 83 hg, 83 hd, 86, 89 hc, 95 g, 95 d, 100 g, 100 d, 100 c, 102 g, 102 d, 102 cg, 102 cd, 104 cg, 104 bg, 111 g, 118 d, 119 d
Phil Sheldon 117